Albert Oesch
Basel 1908 – Lausanne 1997

EIN LEBEN IN SONETTEN

Albert Oesch

EIN LEBEN IN SONETTEN
Gesamtwerk

DAS MÜNSTER | NOTRE-DAME DE PARIS
LIEBESSPIEGEL | RADIERUNGEN VON HANS ERNI
LEBENSWANDEL | PHILOSOPHISCHE SCHAU

Herausgegeben von

Adelheid Oesch
Maya Lammer-Oesch
Ewald Oesch

Königshausen & Neumann

Albert Oesch

EIN LEBEN IN SONETTEN

DANKSAGUNGEN

An unseren Vater, Albert Oesch.

Diese Ausgabe Deines Gesamtwerkes widmen Dir deine drei Kinder fast hundert Jahre nachdem Du deine allerersten Gedichte schriebst. Du bleibst uns der elegante, feinfühlige, leidenschaftliche Jüngling, der mit 24 Jahren ‚Das Münster' ersann. Du bleibst uns der Mann der die Macht des schöpferischen Wortes erkannte, des zeitlosen Liedes von Leben, Tod, Liebe, Trennung und Verklärung... dessen Diener und Sänger du wurdest. Frühzeitige Erblindung war deine Achillesferse.

Du hast uns eine unendliche Gedankenwelt eröffnet, in der alle Gebiete der Kunst, der Weisheit und des humanistischen Wissens, uns immer noch auffordern und befragen. Du hast uns gelehrt Bedachtsamkeit, Freiheit, Nächstenliebe, Mut und unaufhaltbare Stetigkeit zu ehren. Du hast uns ans Herz gelegt jedem Machtmissbrauch Anhalt zu gebieten. Du hast unsere Mutter geliebt und unterstützt.

Als wir noch klein waren hast Du uns die Schönheit der Welt und des menschlichen Geschicks gezeigt und erzählt. Du hast es in farbige, geheimnisvolle, glitzernde Worte gekleidet. Du hast uns auf jede Blume, auf jeden Lichtstrahl, auf jedes Glockenspiel aufmerksam gemacht. Du warst uns auch ein erschaffender Vater, ein Freiheitskämpfer, der verwundete Hephaistos der uns Werkzeuge fürs Leben schmiedete.

Wie die meisten Sprösslinge haben wir uns, als wir grösser wurden, von Dir freischlagen wollen um unsere eigenen Wege zu bahnen, ohne aber je an deiner Liebe zu zweifeln. Heute, wo wir selber alt geworden sind, möchten wir Dir hier Danke sagen.

Unsere tiefe Verbundenheit geht ebenfalls an Deinen Verleger, Prof. Dr. phil. Johannes Königshausen, der uns entgegenkam und Dich aus der Vergessenheit holte.

Unser Dank gilt auch jedem deiner künftigen Leser. Mögen sie aus dem Klang der deutschen Sprache die Du so liebtest, Geistesfreude und Anregung schöpfen.

Adelheid Oesch, Maya Lammer-Oesch, Ewald Oesch
Lausanne, den 2. Juni 2019

DAS MÜNSTER
NOTRE-DAME DE PARIS
1932

Eine geistige Wanderung
Eine Schau im Herzen des Münsters,
die sich im Herzen des Pilgers widerspiegelt.

VORWORT ZUM MÜNSTER

Albert Oesch. Auszüge seiner Jugendbriefe 1930-1933.

Es ist nur ein Glasfenster, aber man sieht darin das ganze Leben... Ich sass so lange an diesem Fenster und schrieb daselbst mein Gedicht. Ich dachte dass auch mich vielleicht, wenn ich es überhaupt verdiene, einmal der ganze Wald – alle Tiere und alle Bäume – vor irgendeine grosse und stille Klarheit führen werden. Und doch war ja alles nur ein schöner Morgen, der die Erzählung im Glas durchstrahlte, und wenn uns Gott diesen Morgen nicht gegeben hätte, so wäre das Fenster dunkel geblieben und die Sonne hätte dieses Erlebnis nicht wieder erhellt.
Lausanne, 31. Januar 1930. An seine Tanten Goti und Dati Haberbusch.

◆

Diese Sonette sind Ihnen nur angeboten wie ein Korb schöner Dinge. Es sind Früchte, Einzelheiten. Um eines bitte ich Sie. Es soll Abend sein oder Nacht. Diese Gedichte ertragen die Sonne nicht, sie müssen allein gelesen werden; sie verlangen Ihre Einsamkeit. Das stell ich mir so vor: Gedichte sind Schöpfungen, ganz kleine Sonnensysteme, aber geschlossen, gewissermassen für sich. Wenn Sie sie gegen die Welt halten, so werden sie ganz klein; betrachten Sie sie jedoch allein, so haben sie keine vorausbestimmte Grösse sondern nur ihren eigenen Massstab, einen Massstab für sich...

Deshalb glaube ich, können aus den vierzehn Säulen eines Sonetts ungeheure Bauten entstehen oder Jahre verfliessen... seit sie durch ihr erstes Wort gegangen und aus dem letzten gestiegen sind. Ein Sonnet ist viel länger als seine vierzehn Zeilen, es ist lang wie ein Blütenfall und Sie müssen es so lesen als ob Sie es selber dächten und beschauten, und vielleicht laut vor sich hersagen... so dass das ganze Zimmer sich davon erfüllt, und mitspricht.

5. September 1930. An Goti und Dati.

◆

Seit zwei Wochen stecke ich in Paris und beschreibe die mächtige Kathedrale Notre-Dame. Ich gehe jeden

Tag hin und niemals habe ich einen Bau so bewundert wie diesen. Es gibt Fenster in dieser Kirche, wo das Licht wie in tiefen Bächen fliesst, mit dunklem, rotem Gestein, und es gibt Fenster wie Fahnen der Seligen, brennende, flutende Fahnen... im Zierwerk des Steins. Und wenn ich so im Dunkel einer der vielen Kapellen knie, die wie ein Gürtel den Chor umkränzen, muss ich immer und immer wieder in die goldenen Leuchter schauen, die sich an leisen Fäden aus dem Gewölbe auf den Altar hinunter spinnen, Leuchter die Licht austeilen, die wie Kronen über den Häuptern unsichtbarer Anwesender schweben.

Gestern Abend, standen die Portale offen... Ich trete ein und das Innere ist hell, wie es noch niemals hell gewesen ist, und unendlich viel Menschen sind da. Und der Bau singt, hunderte singen, eine Orgel singt und durch den Bau zieht, in geschlossenem ewigen Kreis die ganze Priesterschaft und Chorknaben endlos... und viele Gläubige, die brennende Kerzen tragen. Aber nicht nur diese Menschen waren da, auch Jahrhunderte, alle Jahrhunderte standen unsichtbar in den Mauern. Da waren Heilige denen der Frost die Finger abgesägt hat, die aber doch immer weiter beten in den Nischen und draussen über den Portalen.

Am Altar wo alle Lichter zusammenflossen hob

der Bischof die grosse strahlende Monstranz, langsam neigte er sie in den drei Richtungen als ein Zeichen des Kreuzes. Und ich fühlte es ging eine Welle von ihm aus, alle beugten sich vor ihr, und mich durchrieselte es seltsam, als sie über mich glitt... mit dem Bewusstsein, dass in grossen Kirchen die ganze Welt wohnt, mit ihren Leiden, ihrer Dunkelheit und ihrem Licht.

3. Dezember 1930. An Goti und Dati.

◆

Ich habe Sonette geschrieben über ein Stück Farbe, ein Stück Stein, in denen mir plötzlich eine Vergangenheit laut wurde.

    Ich habe ein Münster in Sonetten errichtet. Diese Veranlassung wurde auf die eingehende, wiederholte Betrachtung - in längeren Aufenthalten, in und um den Bau der Kathedrale Notre-Dame von Paris - vertieft und gedeutet. Die Dichtung ist in vierzig Sonette eigeteilt, die die vierzig Stationen einer geistigen Wanderung durch den ganzen Bau, von Morgengrauen bis Mitternacht und vom Jetzt in die Zukunft, sichtbar machen.

21. März 1932

Ein Wort ist für mich nicht eine beliebige, austauschbare Münze, sondern ich koste dessen Laut und dessen Zusammensetzung wie man Honig auf der Zunge kostet... mit dem immer wachen, bewussten Verständnis für seine sinnliche und übertragene Bedeutung. Wenn ich es ausspreche habe ich den Eindruck ein unsichtbares Klavier öffne sich vor mir mit seinen noch unberührten Tasten.

Diese Freude an der Sprache und dessen Sinn erneuert sich in mir fortwährend in der stets wiederholten Lust der Überraschung. Eine Überraschung, leichtfüssig und unvorhergesehen ! Sie ist mir wie Wind und Licht in raschelndem Geblätter.

21. Februar 1933

VORSPIEL

I. IRRWEG DER VERGANGENHEIT

Gestalten wuchsen aus der Wolken Grat;
Gebilde schwebten auf aus allen Enden.
Wir hörten Rufe in den Nachtgeländen:
Ein Turm soll sein, der unsre grösste Tat! (1)

Und Volk um Volk aus einer Wolke trat.
Ein jedes baut und keines kann vollenden. (2)
Die letzten türmten auf mit Riesenhänden.
Dann stürzt der Turm, wie er dem Himmel naht.

O Widersacher Gottes, du der Böse;
Michaels Schwert stach dir ins Gekröse,
Befreit die Welt von seines Drachen Plage.

Bist Luzifer, der schönste unter Engeln!
Kriech auf dem Bauch, als Untier dich zu schlängeln:
Dein Reich zerfällt am Ende aller Tage.

ERSTER TEIL

ZUM UND UM DEN DOM

II. VERHEISSUNG

Laut war die Nacht und kalt und strumdurchschwirrt.
Es hatte mir geträumt vom Baum der Feigen, (3)
Und Ich erkannte an den weichen Zweigen
Und an den Blättern, dass es Sommer wird.

Und doch war's März, als ich noch schlafverwirrt
Auf jene Gasse trat, wo ich voll Schweigen
Einen im Dunkel sah, sich mir verneigen:
Da folgt' ich ihm, wie er durchs Graue irrt.

Und als ich ging, sah ich auch andre finden
Die gleiche Strasse, die auch unsre war;
Drum als sie nahten, frug ich ihre Schar:

Wo seid ihr her und seid ihr nur mein Traum?
Und Antwort scholl: Wir sind aus den vier Winden, (4)
Uns träumte heut, es blüh' ein Feigenbaum.

III. WALLFAHRT IN DER NACHT

Noch nächtlich war die Welt, und uns zunächst
Schritten noch andere, doch uns zum Spotte,
Irrlichternd vor uns, und im gleichen Trotte,
Bis schwarz der Bau als Sperre höher wächst.

Ein Schemen kam, vor dem du jetzt erschreckst.
Wirst du ein Werk, das nicht von deinem Gotte?
Drum schlag ein Kreuz, nah mutig dich der Rotte,
Und es zerfliesst, was nur der Mond behext.

Da ging er düster... jene graue Wand,
Die erst nur Schatten, war der dunkle Dom:
Da wusste ich, dass ich am Ziele stand.

Und rasender schien jetzt die Nacht zu werden,
Heim in die Türme flohen schwarze Herden,
Die ostwärts sehn den fernen Feuerstrom.

IV. HOFFNUNG

Herr, es ist Zeit. Heut wird Dein Osten Blut.
Die Stadt ist noch bedeckt und scheut den Morgen,
Doch nahst Du, Herr, der noch im Berg verborgen,
Der Schwelgerin, die nie als Witwe ruht. (5)

Mich aber dürstet nach des Ostens Flut.
Den Heiligen, die nicht um Nahrung sorgen,
Lass Manna (6) regnen durch den Silbermorgen.
Dies Hohelied schmolz ich in Deiner Glut.

Und da ich hinsah zu der Lichtbesternten,
Hörte ich fern: "Es reifen schon die Ernten
Des Himmels endlos in den Tag der hellt.

Das Licht steht höher ob dem Halmgezitter,
Unsichtbar sicheln jetzt die Himmelsschnitter,
Und Klärung sammelt im Jenseits der Welt.

V.   VERSTEINERTE GEISTER

Schon silberte der Ost. Es kühlt und frischt.
Auch auf dem Platze fliehen sie auf Hufen.
Seid ihr bereit, ward da vom Turm gerufen;
Es schliesst zerrissne Mondnacht ihr Gesicht.

Tor, öffne dich, o Morgen werde Licht!
Es naht die Sonne. Was die Geister schufen,
Sei Traumwerk nur auf dieser Türme Stufen,
Das noch am Tag von bangen Nächten spricht.

Der Wächter rief: Wind treibt die Schatten auf.
Und flatternd flohn mit einem jähen Satze
Die letzten in die Rose überm Tor.
Ein andrer schwang sich noch am Turm hinauf,
Und oben sahn wir dämmernd seine Fratze,
Die langsam wieder sich in Stein verlor.

VI. HIMMELSBRÜCKE

Nordostwärts ziehn wir zu des Münsters Fuss,
Die Zukunft schauend, da die Winde kriegen.
Berg der Vollkommenheit blieb unerstiegen.
Schwertalter kommt, das sich zerstören muss.

Geschichte, unaufhörlich strömt dein Fluss.
Doch nicht das Böse wird zuletzt obsiegen.
Prüfstein bewertet Inhalt: überwiegen
Wird reines Gold, wenn aller Tage Schluss.

O Leuchter, siebenarmig zeigst den Herrn.
Die sieben Lichter sind durch Ihn erschienen.
Im hohen Tempeldienst wohnt Er in ihnen.

Die Weisen brachte Er, geführt von fern.
Der Regenbogen strahlt vor Wolkenwand:
Ist Himmelsbrücke zwischen Gott und Land.

VII. SONNENAUFGANG ÜBER DEM DOM

Dann sank ein Pfeil, der licht den Turm durchfrass,
Wie eine goldne Lanze auf die Bossen,
Fialen (7) glühn, vom Frühschein überflossen;
Ein erster Strahl den zweiten Turm durchmass.

Und durch die Lücke, die der Türme Pass,
Sprangen die Strahlen, hell und eingeschlossen,
Strahlen des Monds, gekreuzt mit Goldgeschossen,
Zum weiten Platz, noch grau und nächtenass.

Wir aber schaun, wie neue Strahlen bersten,
Bis unser Blick die Himmelsfrau gewahrt,
Die mit zwei Engeln vor der Rose stund;

Und links im Nordturm Adam unsren Ersten,
Eva im Südturm, die als Zweite ward,
Und abwärtsschaun auf all ihr Volk im Grund.

VIII. BEHARRUNG

Doch seltsam war der Tag... Herangewacht
Hat ihn ein Volk im Stein von drei Portalen,
Gemeisselt ins Gewände steht auf schmalen
Sockeln es da, gleich Zeugen voll Bedacht.

Gerechte harren nach so banger Nacht
Des neuen Lichts, das wieder um Fialen
Im Osten fliesst, und schon zu tausend Malen
Im Westen starb, im Abend der vollbracht.

Haupttor, zerteilend hebt der Herr den Finger.
Ob Ihm Sankt Michael, der Drachenzwinger,
Der dem Lindwurm befahl, sich zu ergeben.

So wartet, bis es dem Herrn einst gefällt,
Dass Meer und Land die Toten wiedergeben... (8)
Und heim das Reich (9) an die Gerechten fällt.

IX. DIE HIMMELSPFORTE

Wie unser Blick zum linken Tore stiess,
Sahn wir die Jungfrau in der Pforte Mitten.
Ob ihr drei Seher, die fürs Wort gestritten,
Die einst erschauten, was die Schrift verhiess.

Ob jenen drei erscheint im zweiten Fries
Der Herr, der zur Enthobenen geschritten,
Enttrug die Mutter, die der Welt entglitten:
Entrückte sie, wie es ihr Sohn verhiess.

Und höher noch thront sie im Paradies
Im First des Giebelfelds; ein Engel krönte
Die Gottesmaid, die doppelt sich verschönte,
Das Reich besitzend zu des Herren Rechten,
Und die auch unten steht mit acht Gerechten,
Lächelnd im Tor, das aufnimmt und sie pries.

X. DIE RICHTERPFORTE

Uns aber gab geheimer Geist es ein,
Dass wir den Weg zur Richterpforte wählen.
Hier teilt der Herr, die zu den Bösen zählen.
In diesem Tor wird keine Frist mehr sein. (10)

Lass oder tu: kein Handeln ist mehr dein.
Vorbei die Zeit. Nichts kannst du jetzt verhehlen.
Weit ist der Hochzeitssaal... die lichten Seelen
Ziehn ein frohlockend. Heut sind sie noch Stein!

Wir hatten uns vereint vor dem Gericht,
Das dunkel aus der hohen Pforte spricht.
Wie jene Weisen, die von Morgen stammen.

Und finster schaut und grösser, jenes Tor,
Das in der Mitte steht. Uns trieb's zusammen!
Doch keiner kannte seinen Freund zuvor.

XI. NEBUKADNEZARS TRAUM

Auch eines Königs (11) Traum dies Tor entblösst.
Und Nimrod, (12) den Jäger, den Tiere scheuten,
Den Gründer Babels zeigt es, der erneuten
Kampf führt gen Gott; was einen Albtraum löst.

Rückblick hat Furcht dem König eingeflösst,
Nimrods Frevel, als sich zerstreuten
Des Turms Gewerke, den Lästrer zu bedeuten,
Der voller Zorn den Speer zur Sonne stösst.

Nebukadnezar träumt vom goldnen Haupt, (13)
Sieht Brust und Arme silberüberstaubt;
Die Lenden und der Bauch bestehn aus Erz.

O Lauf der Welt, dein Fall ist Tod in Schmerz!
Du ragst aus Eisen auf: dein Fuss ist tönern.
Entrück uns, Herr, ins Licht des ewig Schönern...

ZWEITER TEIL

EINTRITT IN DAS INNERE SCHIFF

XII. AUF DER SCHWELLE

Schwer öffnete sich hier das Mitteltor:
Und dunkel sahn wir einen Bau verkünden
Die Riesenpfeiler, die wir kaum ergründen.
Ihr Aufstieg lief in hohe Nacht empor.

Noch schauet Andacht sie und ruft sie vor,
Wie wenn sie jetzt noch vor dem Geist mir stünden.
Der Wald der Säulen schien erst auszumünden
Am Hochaltar, wo sich der Blick verlor.

O Gott, wer kennt Dich, wer kann Dich erfassen?
Du bist Unendlichkeit, die ich nur ahne.
Ich bet zum Herrn, sonst fühl ich mich verlassen.

Beginnlos ist Er: alles bleibt Sein Zeuge.
So glaub, dich klärt die Auferstehungsfahne:
Sie preist den Herrn, dass Er dich neu erzeuge.

XIII. ERSTRAHLE, HERR!

An Nacht gewöhnt, den Bau der Blick erkennt.
Und wie die Augen jetzt den Dom durchkunden,
Erblich mein Denken ganz im Sein verschwunden,
Da nur das ew'ge Licht dort ferne brennt.

Weit ist der Weg noch, der uns von Ihm trennt.
Erstrahle, Herr, zu allen stillen Stunden
Erleuchtung, welche nur in Dir gefunden,
In Deinem Namen, der Dich wirklich nennt.

Wenn, Wanderer, du durch die Leere irrst,
Und die Bedeutung suchst im Stein der Weisen, (14)
So lausch der Seele, horch auf ihre leisen
Geheimnisworte, die nur ihr bekannt.

Sie sind nicht da, wo sie der Weise fand.
Sie sind nicht dort, wo du auch gehen wirst.

XIV. ZEITLOSES WELTGEBÄUDE

Schon zogen wir durchs graue Münsterschiff,
Am Boden lesend, wen die Fliesen nannten,
In manchen noch die goldnen Lettern brannten,
Oft halb verwischt, da Schritt um Schritt sie schliff.

Wo bist du Frühvolk, das zur Kelle griff?
Wo seid ihr Maurer, die die Joche spannten?
Ach, wie die Wasser, die sich meerwärts wandten,
Schuft Speier ihr: Flutsturz auf Stein und Riff.

Und doch, Erbauer, einmal glicht ihr diesen
Noch immer festen Pfeilern, aufgestuft;
Und eure Säulen sind wie stille Riesen,
Vom Stein beschwert wie jene in der Gruft.

Dies Weltgebäude ward euch zugewiesen
Vom Meister, der das All ins Werden ruft.

XV. RITTER BETET IM STEIN

Zu einem Grabmal blätterte die Glut
Von einer Rose, und es schlief im Steine
Ein Ritter dunkel in dem matten Scheine.
Und seine Fliese färbt der Rose Blut.

Er schlummerte, wie's jeder Edle tut,
Mit seinem Jagdhund auf dem Sargesschreine,
Die Hände faltend, und die starren Beine
Im Hund verstemmt, der ihm zu Füssen ruht.

Still ward es hell auf ihm. O stör ihn nicht!
Wohl liegt er noch im Bild, das von ihm spricht,
Doch betend faltet drunten er die Finger.

Lies nicht den Wappenspruch im Schildesring,
Schritt leise hin; lasst diesen Burgbezwinger
Und diesen Jäger: Horn und Meute ging!

XVI. BISCHOFSGRAB

Und dieser war ein Bischof mit dem Stab;
Einst am Altar, jetzt dunkel im Geflüster
Derselben Rose, die vom Eingang düster
Ihr Licht verblättert in die Nacht herab.

Verloren ist, was er den Armen gab.
Du kennst ihn nicht. Nur manchmal wenn der Küster
Die Kerzen zündet, flieht vom fernen Lüster
Ein warmer Schein zu seinem alten Grab.

Er aber ruht und sinnt, wie lang und welch
Löschhorn es sei, dass Jahr um Jahr erlischt...
Und einem Pfeiler schaut er endlos nach.

Und seine Mitra ist ein grosser Kelch,
Das Antlitz abgetreten, halb verwischt
Von manchem Schritt, der diese Stille brach.

XVII. SÄULENWANDEL

Vorbei die Schau des Grabs... Ein Rückschall trägt
Hier Gang und Klang zum fernen Mauerwalle.
Und hinten naht dann, wie ich vorwärts walle,
Des Nachhalls Rückruf, der schon schwächer schlägt.

Und da ich geh, scheint auch der Bau bewegt
Und schwebt vorbei: die Säulen wandern alle,
Als ob ich träumte, lautlos aus der Halle,
Wie nach und nach der Weg zurückgelegt.

Horch... meine Schritte ausgeklungen sind,
Ähnlich dem Kiesel, den die Flut empfing,
Wenn Ring um Ring in schwächre Ringe rinnt.

Im Andachtsraume schwebt in stillen Glanz
Das Aussenlicht durch dreier Rosen Kranz,
Sowie der letzte Dienst (15) vorüberging.

XVIII. SCHWERLOSER AUFSCHWUNG INS LICHT

O Dom, hast kein Gewicht! Nur Aufschwung bist!
Nie sprossen Halme noch, nie eine Ähre
So schlank im Land wie deiner Säulen Speere
Um's klare Lichtfeld, das die Vierung ist.

Nicht gab es Aufstieg, der den Wuchs dir misst:
Säulen wie Flöten streben ohne Schwere
Als ein Gesang des Baus in leichte Leere
Zum Blau des Tags, der fliesst wie Amethyst.

Denn durch die Rosen jetzt die Strahlen schiessen
Des weissen Lichtes wie in Bergkristallen
In blauem, gelbem, rotem Sichergiessen.

So auch vom Höchsten Lichte niederfallen
Die Gnadenströme, die uns stets gemahnen:
O Gott, wer kann Dich ohne Dich erahnen...

DRITTER TEIL

GLASRAD DER ZEIT UND LEUCHTEN DER ROSE

XIX. MORGENLANDFAHRT DER TOTEN

Und hier ist gut sein, bis die Nacht sich schart.
Lasst uns hier ruhn, gedenkend der Gefährten,
Die vor uns gingen und nicht wiederkehrten:
Nur dieser Dom weiss ihre Gegenwart.

Habt Ihr sie, Herr, in Eurem Tag bewahrt,
Da sie gleich uns den Eingang hier begehrten?
Wo sind sie hin? Verwischt sind ihre Fährten...
Sie zogen ostwärts für die Abendfahrt.

In Eurem Tag, Herr, wohnt Vergangenheit
Und fernste Zukunft, da Ihr ewig seid.
Gleich einem Glasrad ruht vor Euch die Zeit.

Und Euer Licht geht durch das Anfangslose,
So wie der Tag im Glasrad jener Rose:
Für uns nur leuchtet er durch Dämmrigkeit.

XX. LICHT OHNE SCHATTEN

Die Stunden schwanden leise unsrer Rast,
Und unsre Blicke folgten traumbeladen
Dem Sonnenschritte auf des Lichtes Pfaden,
Das diesseits hellt und jenseits schon erblasst.

Licht, Allglanz bist du dem, der Dich erfasst,
Denn nur was endlos ist, wirst ganz Du baden;
Dann ist kein Fels vor Deinen Goldgestaden,
Kein Tal ist mehr, wo Du noch Schatten hast.

Schau, wie mein Leib zu dunkel ist vor Dir.
Durchsichtig sollt ich sein vor Deiner Helle
Einst sah sie Moses an geweihter Stelle.

O Gott, der Wüste Glut bist Du vor mir
So weiss wie Schnee. Ach, schneeblind bleib ich noch...
Säh ich Dich jetzt, selbst blind säh ich Dich doch!

XXI. WER SIND DIE GERECHTEN?

Schon war es spät. Was ich im Wort bewahr,
Ist längst erloschen in der Augen Bronnen;
Und niemand weiss mehr, was wir ausgesonnen,
Da diese Welt zu Schein ward, den sie war.

Wir sahen in einer Rose immerdar
Den Lauf der Stunden, die im Licht zerronnen:
Ins Jenseits schwanden sie gleich tausend Sonnen.
Der Rose Deutung schien uns offenbar.

Die Zeit wird enden. Rufe die Gerechten!
Die Engel führen sie zu Deiner Rechten!
Mich dürstete, Mich hungerte, Mich fror. (16)

Welcher von uns, o Herr, hat es Dir gewährt?
Den Armen halft ihr; Mir habt ihr es beschert:
Zu Meiner Herrlichkeit steigt nun empor.

XXII. DER DOM IST TONBAU, URSPIEL GOTTES

Im Dome dunkelt es, doch uns noch letzte (17)
Die Glut der Rosen, die die Schritte leiten;
Und blaure Stunden durch die Gläser gleiten,
Wo Urlicht schon saphirne Steine setzte.

O Dom, Musik sind die Erhabenheiten
Des Aufschwungs: Tonbau, den ein Meister setzte!
Denn Gott ist stets der Erste und der Letzte.
Braus, Urspiel Gottes, und durchbeb die Saiten.

Gesang schwing aus in der Verklungenheit...
Was du hier ahnst, ist die Unendlichkeit.
Einst war nur Gott, der Abgrund und die Leere:

Sie breit sich aus ins unbegrenzte Hehre!
Erlöst, erträume die Vollkommenheit.
Ein Weltbild siehst jenseits von Raum und Zeit.

XXIII. SCHWUND DER ZEIT IN DER ROSE

Halbsichtbar ist die Rose westwärts nur
Hinter der Orgel, wo sie teils verschlossen;
In ihren Feldern, wenn der Tag verflossen,
Starb nach und nach des Abendlichtes Spur.

Schon schwächer glühte ihre bunte Flur.
Drei Kreise zählen ihre Speichensprossen;
In ihrem Schosse ist der Herr ersprossen.
Um sie der Tierkreis, der des Jahres Uhr.

O Sonne, abends gleichst der reifen Frucht.
Die Zeit muss fliehen mit des Hinschieds Flucht.
Und Gut und Bös kann keine Macht verschwistern.

Der Jüngste Tag liegt noch verhüllt im Düstern:
Wie Sand zerrinnt die Welt durch Gottes Hände.
Er war vor Anfang und Er hat kein Ende.

XXIV. BESEELTE WESTROSE

Nacht ist es schon... Schwer wird des Sängers Amt.
In diesen Gläsern ruhen die Juwele,
Und in der Rose wohnt die Silberseele
Und aus dem Steinrad schaut sie tief wie Samt.

Fern am Altar verglommen, im Geschwele,
Die Kerzen. Frühgesang erstirbt. Empfehle
Dem Herrn dich, dass Er deinen Tag beseele...
Zerschmilz gleich Wachs in Tülle, die dich klammt.

Westrose, du vergangnen Tags Gesicht!
Des Glaubens Macht erschuf dein strahlend Licht.
Zählt alle Stunden und der Zeit Gewicht.

Auch du musst gehen... und dein Stab zerbricht.
Das Leben flieht. Bald bis du alt und müd.
Auch ich war hier... bin nicht mehr... bin verglüht.

XXV. ROSE AUSSER RAUM UND ZEIT

Westrose, nachtschwarz bist fast und dein Schimmer
Zeigt Gott sich wollend in des Rades Weite;
Du drehst schon lange, bist nur das Geleite
Der Ewigkeit: Trugbild im Wüstenflimmer.

So rücket Zeiger endlos, wandert immer
Auf eurem Zifferblatt. Bloss eine Seite
Kennt unser Geist, ist nie der Eingeweihte:
Teilweise frei nur, niemals der Bestimmer.

Häuf Stunden, Tage, Wochen, Monde, Jahre,
Verweht vom Herbst, ins Erdreich dann gedrungen...
Als Weltbaums Blätterstreu umsonst besungen.

Bin ausser Raum und Zeit: Ich offenbare
Das Wort, das schuf des Lichtes Urentstehen!
Kein Ohr hat es gehört, kein Blick gesehen.

VIERTER TEIL

HIMMLISCHE JERUSALEM OFFENBARUNG

XXVI. LEBENSBAUM DER OFFENBARUNG

Ein Lebensbaum (18) wuchs dann, den niemand kennt,
Wie uns die Schauer heilig überliefen,
Aus fernen Himmeln, wo jetzt Sternnacht brennt,
Abwärts vom Chorgewölbe in die Tiefen.

Des Baumes Wurzeln sind im Firmament
Wie Weltallskräfte, die im Ursein schliefen.
Ich seh sie nicht, da Gott sie nur erkennt.
Selig der Hain, wo sie ins Erdreich triefen.

Sturm singt im Eichenwald, und Ahnung spricht,
Wie einst weissagend auf des Windes Wegen,
Erfahrend durch die Blätter, die dort rauschen...

O Sterblicher, dein Schicksal wähnst du nicht!
In Christus liegt des Werdens Schwergewicht,
Wo Hauch und Blast nur dunkle Worte tauschen.

XXVII. SCHAU DER HIMMELSSTADT

Doch auch der Lebensbaum in Nacht verschwamm.
Uns aber schien, wir hätten kein Gewicht,
Wie neben uns ein grosser Engel spricht:
Ihr seid im Geist auf eines Berges Kamm. (19)

Die Stadt naht euch; sie ist die Braut dem Lamm.
Doch was ihr schaut ist euer Traumgesicht.
Ein Lebensstrom (20) durch ihre Strassen bricht.
Zwölf Tore stehn... (21) durch jedes zieht ein Stamm.

Wir sind allein, verstummt und ohne Rat.
Wir sehen staunend in die Sternensaat
Und anders scheint uns jener Lichter Flug.

Zukunft ist Schleier. Harret in Ergebung.
Gezeigt ward eurer Schau die Abwärtsschwebung
Der Schar der Engel, die die Lichtstadt trug.

XXVIII. NUR GOTT IST LICHT

Und wie die Stadt sank, sahn wir göttlichklar
Zwölf Edelsteine ihren Grund durchklären;
Zwölf Morgen stiegen wie aus Perlenmeeren;
Doch war in ihr nicht Sonne noch Altar. (22)

Und wie sie sank, erblindet unsre Schar,
Ihr Glanz war so, wie tausend Sonnen wären;
Könnte aus Spiegeln von den Räumen kehren
Heimwärts das Licht, das uns verloren war!

Doch wie sie sank... dämmert ihr Amethyst.
Der Hyazinth verblüht wie Purpurrosen.
Für uns der Abend aus dem Saphir wich.

Denn unsre Leiber blühn noch körperlich.
Nicht Mond, nicht Sonne gehn im Anfangslosen...
Zu Asche wird, was dort nicht wirklich ist.

XXIX. GESETZ DER GNADE

Die Schau verschwand... jetzt ragen unsre Garben
Im Mahdfeld in der heissen Mittagsluft,
Das Brot verkündend Armen, welche darben.
Erst später sprengt der Herr der Hölle Gruft.

Lang ist die Zeit... und eine weite Kluft
Trennt uns vom Tag, wo jene, welche starben,
Erlöst entschweben wie des Weihrauchs Duft:
Heil sind die Wunden und verwischt die Narben!

Leiden, wann endest? Niemand kennt den Tag.
Erwacht im Grab nach der PosaunenTon.

Warum dies Dasein? Immer sind wir schon.
Mensch, warfst das Korn aus, das der Meister gab,
Schöpfung ist Liebe, Eingang in die Freude:
Gesetz der Gnade lodert im Gestäude.

FÜNFTER TEIL

ENDE DER ZEITEN

XXX. UNWETTER UM DEN DOM

Sturmwind tobt durch den Bau, Gevögel scheucht,
Ziehend wie Wolken durch graue Säulenbogen,
Als rauschten Orgeln, wilde Meereswogen,
Wenn fessellos des Brausens Atem keucht.

Elf scholl's vom Belfried: Kälte fröstelt feucht.
Durch alle Gassen ist Geheul gezogen,
Getanz von Böen ist herangeflogen.
Neblichte Nacht vor unsren Füssen kreucht.

In uns raunt es: im Seegang lauert Tod...(23)
Ein düstrer Unstern kündet jähe Not.
Gestern bist Born, woraus die Zukunft fliesst.

Im Westen lohen einst die Brände rot!
Noch ist die Schale voll, die Zornwein giesst!
Dring Schwert ins Lebens Buch, dass es sich schliesst.

XXXI. EIN REICH VON TAUSEND JAHREN

Fackeln brennen auf des Domes Stufen,
Und Schatten treten in den Kreis der Feuer.
Westwerk ragt düster wie ein Nachtgemäuer.
Die zwölfte Stunde wird jetzt gerufen.

Zwist und Laster prägt was Menschen schufen,
Bis jetzt war keine Zeit noch ungetreuer,
Der Weltbrand nahet - rot und ungeheuer -
Auf Wolkenpferden und Donnerhufen...

Noch kurz vor End, wird einst zurückgewonnen
Das Gold, das war in der Vergangenheit.
Ein Reich von tausend Jahren (24) wird ergleissen.

Von Aufgang leuchten her wie glühnde Sonnen
Die jungen Jahre dieser spätren Zeit.
Doch Gut und Bös sind beide noch verheissen.

XXXII. STURMGEISTER

Sonne schwindet und schon von Osten ballt
Die Nacht sich rasend vor dem Sterngeflitter.
Ein Wetterleuchten grell umriss acht Zwitter:
Sie hockten still, am Turmgesims verkrallt.

Stein sind sie noch und eine Angstgestalt
Stand auf dem Turm und wies auf das Gewitter...
Da kracht der Himmel und in dem Gezitter
Erwacht die Schar, auf die der Donner prallt.

Laut heulte dann, wie dunkle Schwaden fliehn,
Vom Turmgesims ein Bellen und ein Gellen,
Und wilde Vögel krächzten, so als welke
Der Tag für immer lichtlos im Gewölke,
Gedämpft Getrappel eilt wie Geisterwellen,
Hatz wischt den Mond aus, der nur fahl erschien.

XXXIII. AUFSTIEG DER GEWEIHTEN

Dann rief der Türmer: folge, wer geweiht;
Doch wehe jenen, die das Wort nicht hören.
Der Widersacher will die Welt betören,
Kein Engel kennt ihn und der Weg ist weit.

Eh's Mitternacht erschallt in Dunkelheit
Geheul Verworfner in den grausen Chören...
Ihr finstrer Fürst will diese Welt zerstören.
Wo ist Erlösung? Noch scheint nichts bereit.

Besteigt des einen Turmes Wendeltreppe
Mit einem Licht, ihr Dunkel zu ergründen.
Ihr wisst nicht ganz, wohin die Stufen münden.

Mit Vorsicht steiget, ziehet das Geschleppe
Des Schattens nach. Und tretet dann ins Freie:
Windwut beklemmt euch, Sturmgetob, Geschreie.

XXXIV. JUNGFRAU, HILF!

Wie eine Fahne fiel der Wind uns an,
Und aus den Fackeln holte er die Hölle:
Steinschlag stürzt nieder, rasselndes Gerölle.
Wann steht die Weltuhr? Habe, bist vertan.

Gejauchz, Gejohle keiften durch den Wahn;
Aufruhr tobt heulend über das Getölle.
Jungfrau, du Schutz: Lehnsleute sind wir, Zölle
Der Huldigung darbringend. Sieh, wir nahn.

Fürbitterin der Menschheit bist beim Herrn,
Wenn einst des Abgrunds Schlüssel fällt als Stern. (25)
Heilsmutter, göttlich ist dein Sohn, der richtet.

Wer zöge noch das Schwert, das stets vernichtet?
Stürz Babylon, zu Trümmern aufgeschichtet!
Die Feindschaft ist vorbei, der Zwist geschlichtet...

XXXV. VERSTUMMEN
DER IRDISCHEN STADT

O Stadt auf Erden, nirgends Harfenlaut, (26)
Kein Flötenspiel, kein Sänger wird mehr sein,
Kein Künstler einer Kunst, kein Lichterschein,
Kein Ruf des Eidams, kein willkomm der Braut!

Auf Goldgier, Wahn und Lust bist du gebaut:
In Purpur schläfst du und in Elfenbein.
Doch rot aufs Meer schaut einst, wie Brände spein,
Ein jeder Schiffsherr, der der See vertraut. (27)

Und jene werden, die auf Meeren fuhren,
Wehklagen über dich, dass du Verschlag
Verhasster Vögel wirst und Horst des Bösen.

Und keiner weiss die Stunde und den Tag
Des Jüngstgerichtes, wo wir uns erlösen
Im Urbewusstsein stiller Sternenfluren.

XXXVI. DIE SEGENSSTADT

Es schwieg der Sturm, als unsre Schar sich drängt
Im Turmesfirst. Es schwiegen jene Meuten,
Harrend der Glockenschläge, die bedeuten,
Nacht schwindet, Gott ist es, der die Zukunft denkt.

Und auf die Segensstadt, die alles lenkt
Starrten die Geister in den Flederhäuten,
Das Leuchtmeer schauend, wo sich Welten streuten
Zum Himmelrande, der sie fern umfängt.

Ein Engel rief: o Macht gebierst nur Sucht;
Erkenntnisbaum trägst noch die Unheilsfrucht.
Geschöpf betracht des Alls Sternengewimmel.

Doch diese Möglichkeit ergründest nicht,
Blindheit beschränkt dein schwaches Augenlicht;
Auszählest nichts: unendlich ist der Himmel!

SECHSTER TEIL

ERLÖSUNG

XXXVII. ZERSTÖRT DEN TEMPEL UND ICH BAU IHN AUF

Nur Stille atmete im Bau... noch stumm;
Halb leuchtend schien er, halb in Nacht verschwommen.
Der Zukunft Urteil ward noch nicht vernommen.
O Mutter Gottes, Dein sei Preis und Ruhm!

Es war der Herr, der aus dem Heiligtum
Schon vom Altar zu uns den Weg genommen.
Dort an dem Goldkreuz ist uns Heil erglommen,
Die göttliche Gestalt geht allwärts um.

Liebfrauendom, du herrliches Bekenntnis
Der Christenheit, noch eins in der Erkenntnis.
Und ihr, die alten Meister, die da schufen,
Wer nennt euch noch, verklärt auf welchen Stufen?
Ach, eure Hallen wirft die Zeit zuhauf!
Zerstört den Tempel und Ich bau ihn auf.

XXXVIII.   MARIA ALS FÜRBITTERIN

Vergess ich Dein, heb mich in Deine Rechte,
O Herr. Sieh, Deine Mutter fleht für alle
Am Jüngsten Tag, dass jeder Dir gefalle.
Verbessre mich: bin noch der Ungerechte!

Sei Rast mir, führe uns an Brunnenschächte.
Du kennst der Himmel unbegrenzte Halle.
Die Räume zittern im Posaunenschalle.
Hehr ist Dein Haupt: Versöhnung es umflechte!

Vor allen Müttern bist Du benedeit;
Hingebend der Menschheit, heiligste Ahnung,
Geweissagt wurdest, als begann die Zeit.

Frohlocket, riefst Maria, denn Vergebung
Wird euch zuteil, zum Heile eines jeden.
Vorsehung pries mich schon im Garten Eden.

XXXIX.   MARIA MUTTER GOTTES

Maria, Königin des Himmels, Dein
Gedachten die Erbauer, als sie schufen
Dies hohe Werk... ist Aufstieg zu den Stufen
Des Glaubens: Tor zum göttlichen Verein.

Zur Auserlesung ewig schon berufen,
Bist Du des Mutterglückes Widerschein.
Einst war Dein Blut wie jetzt im Messewein
Durch Dich in Ihn entströmt uns zu berufen.

O Jungfrau, Deine Seele pries den Herrn!
Die Weisen kamen, hingeführt vom Stern
Zu Dir, gekrönt zur Rechten durch den Sohn,
Der lebend Dich enthob aus der Vergehung.

Knie demutsvoll am Fuss beim Richterthron:
Gott liebt die Menschheit, ruft zur Auferstehung.

XXXX. DES BLINDEN DICHTERS LETZTES GEBET

Vergass mein Lob Dich? Hab ich Dich besungen,
O Mutter Gottes? Dir sind wir geweiht.
Gepriesen bist Du seit Beginn der Zeit!
Erflehe einst des Urteils Milderungen.

Gebarst den Heiland, der den Tod bezwungen.
Erlöser ist Er schon seit Ewigkeit.
O Jungfrau, alterst nie, bleibst holde Maid:
Du Blütenreis, aus Davids Stamm entsprungen.

Bist höher als die Engel, trugst den Herrn.
Du bist der Abend - und der Morgenstern.
Bist auch des Lebens nie verwelkter Lenz,
Das Licht der Nacht, die Hoffnung des Advents.

Gestirnbekrönte, hilf mir, ich bin blind.
Schutzmantel sei mir, denn ich bin Dein Kind.

DAS MÜNSTER | FUSSNOTEN

I. IRRWEG DER VERGANGENHEIT

(1) I. Moses 11.4 *Dann sprachen sie: Auf, wir wollen eine Stadt bauen und einen Turm, der bis zum Himmel reicht und wollen uns so einen Namen machen, ehe wir uns über alle Länder zerstreuen.*

(2) I. Moses 11.6-9 *Und der Herr sprach: Siehe, sie sind ein Volk und reden alle die gleiche Sprache. Das ist der Anfang ihres Turmes, und sie werden sich nicht mehr abbringen lassen von dem, was sie unternommen haben. Darum wollen wir herabsteigen und ihre Sprache verwirren, so dass keiner mehr die Rede des anderen versteht! So zerstreute sie der Herr von dort über alle Länder; da mussten sie vom Bau der Stadt absehen.*

II. VERHEISSUNG

(3) Matthäus 24. 32-34 *Vom Feigenbaum aber lernet das Gleichnis: wenn sein Zweig schon weich wird und Blätter treibt, so wisset ihr, dass der Sommer nahe ist: so merket auch ihr, wenn ihr dies alles sehet, dass der Menschensohn vor der Türe ist!* Siehe auch Markus 13. 27-30. Lukas 21.29-32

(4) Matthäus 24. 31 *Und er wird seine Engel aussenden mit*

lautem Posaunenschall, und sie werden seine Auserwählten sammeln aus den vier Winden von einem Ende des Himmels bis zum anderen.

IV. HOFFNUNG
(5) Offenbarung 18.7 *So viel sie sich selbst verherrlicht und geschwelgt hat, so viel gebet ihr Qual und Leid! Denn sie spricht in ihrem Herzen: ich throne als Königin und bin keine Witwe und werde keine Trauer sehen!*
(6) Offenbarung 2.17 *Wer überwindet, dem werde ich von der verborgenen Manna geben.* Siehe auch II. Moses 16.4

VII. SONNENAUFGANG ÜBER DEM DOM
(7) Fialen: *Spitztürmchen auf Wimpergen oder Strebepfeilern. Kleiner Brockhaus.*

VIII. BEHARRUNG
(8) Offenbarung 20.13 *Und das Meer gab die Toten heraus, die darin waren, und der Tod und das Totenreich gaben ihre Toten wieder, die in ihnen waren, und sie wurden gerichtet, jeder nach seinen Werken.*
(9) Matthäus 25. 34 *Dann wird der König zu denen auf seiner rechten Seite sagen: Kommet, ihr gesegneten meines Vaters, und besitzet das Reich, das euch von Grundlegung der Welt an bereitet ist!* Siehe auch Offenbarung 20.4

X. DIE RICHTERPFORTE

(10) Offenbarung 10.6-7 *Es soll keine Frist mehr sein! Sondern in den Tagen der Stimme des siebten Engels, wenn er beginnt, in die Posaunen zu stossen, wird das Geheimnis Gottes vollendet.*

XI. NEBUKADNEZARS TRAUM

(11) Daniel 2.1 *Im zweiten Jahre seiner Regierung hatte Nebukadnezar ein Traumgesicht, dass seinen Geist so beunruhigte dass der Schlaf vom ihm wich.*

(12) I. Moses 10. 6, 8-11 *Von Hams vier Söhnen zeugte Chus: Nimrod, der anfing ein gewaltiger Herr zu sein auf Erden und ein gewaltiger Jäger...und der Anfang seines Reiches war Babel...*

(13) Daniel 2. 29, 31-35 *Es stiegen Dir, o König, auf deinem Lager Gedanken darüber auf, was geschehen werde... Du schautest: und siehe, es stand vor deinen Augen etwas wie eine gewaltige Bildsäule... Das Haupt war von feinstem Gold, Brust und Arme von Silber, Bauch und Lenden von Erz, die Schenkel von Eisen, die Füsse tönern. Du schautest: da riss sich ohne tun von Menschenhand ein Stein vom Berge, stiess an die tönernen Füsse und zertrümmerte sie. Da wurden mit einem Male Ton, Eisen, Erz, Silber und Gold zertrümmert und zerstoben wie Streu.*

XIII. ERSTRAHLE, HERR!
(14) Offenbarung 2.17 *Und ich werde ihm einen weissen Stein geben und auf dem Steine einen neuen Namen geschrieben, den niemand kennt, ausser wer ihn empfängt.* Siehe auch Offenbarung 3.12

XVII. SÄULENWANDEL
(15) Architektur-Lexikon. *Dienste sind Säulen, die einer Wand oder einem Pfeiler scheinbar vorgelegt sind. Sie dienen zur Aufnahme der Rippen, Gurte und Schildbögen des in der Gotik üblichen Kreuzrippengewölbes und tragen deren Lasten ab.*

XXI. WER SIND DIE GERECHTEN?
(16) Matthäus 25. 34-40 *Da wird dann der König sagen zu denen zu seiner Rechten: Kommt her, ihr Gesegneten meines Vaters, ererbt das Reich, das euch bereitet ist von Anbeginn der Welt! Denn ich bin hungrig gewesen und ihr habt mir zu essen gegeben. Ich bin durstig gewesen und ihr habt mir zu trinken gegeben. Ich bin ein Fremder gewesen und ihr habt mich aufgenommen. Ich bin nackt gewesen und ihr habt mich gekleidet. Ich bin krank gewesen und ihr habt mich besucht. Ich bin im Gefängnis gewesen und ihr seid zu mir gekommen. Dann werden ihm die Gerechten antworten und sagen: Herr, wann haben wir dich hungrig gesehen und haben dir*

zu essen gegeben, oder durstig und haben dir zu trinken gegeben? Wann haben wir dich als Fremden gesehen und haben dich aufgenommen, oder nackt und haben dich gekleidet? Wann haben wir dich krank oder im Gefängnis gesehen und sind zu dir gekommen? Und der König wird antworten und zu ihnen sagen: Wahrlich, ich sage euch: Was ihr getan habt einem von diesen meinen geringsten Brüdern, das habt ihr mir getan.

XXII. DER DOM IST TONBAU, URSPIEL GOTTES
(17) letzen: *auf Althochdeutsch: erquicken, erfreuen.*

XXVI. LEBENSBAUM DER OFFENBARUNG
(18) Offenbarung 22. 1-3 *Und er zeigte mir einen Strom von Lebenswasser glänzend wie Kristall, hervorkommend aus dem Throne Gottes und des Lammes mitten in ihrer Gasse; hüben und drüben am Strom den Baum des Lebens zwölfmal Frucht bringend, jeden Monat seine Frucht gebend; und die Blätter des Baumes sind zur Heilung der Nationen.*
Und Gebanntes soll es nicht mehr geben. Textbibel 1899

XXVII. SCHAU DER HIMMELSSTADT
(19) Offenbarung 21. 9-10 *Und es kam einer von den sieben Engeln mit den sieben Schalen, die mit den letzten sieben Plagen gefüllt sind, und redete zu mir also: Komm, ich will dir*

zeigen die Braut, das Weib des Lamms. Und er trug mich im Geiste auf einen großen und hohen Berg und zeigte mir die heilige Stadt Jerusalem, herabkommend aus dem Himmel von Gott her. Textbibel 1899

(20) Offenbarung 22. 1 *Und er zeigte mir einen Strom von Lebenswasser glänzend wie Kristall, hervorkommend aus dem Throne Gottes und des Lammes mitten in ihrer Gasse.* Textbibel 1899

(21) Offenbarung 21.12 *Sie hat eine große und hohe Mauer und zwölf Tore, und auf den Toren zwölf Engel, und Namen darauf geschrieben, nämlich die der zwölf Stämme der Söhne Israels.* Textbibel 1899

XXVIII. NUR GOTT IST LICHT

(22) Offenbarung 21.14, 19-24 *Und die Mauer der Stadt hat zwölf Grundsteine, und darauf zwölf Namen der zwölf Apostel des Lamms… Die Grundsteine der Stadtmauer sind mit allerlei Edelsteinen verziert; der erste Grundstein ist Jaspis, der zweite Saphir, der dritte Chalcedon, der vierte Smaragd, der fünfte Sardonyx, der sechste Sardion, der siebente Chrysolith, der achte Beryll, der neunte Topas, der zehnte Chrysopras, der elfte Hyacinth, der zwölfte Amethyst. Und die zwölf Tore sind zwölf Perlen, jedes von ihnen aus einer einzigen Perle, und die Gasse der Stadt reines Gold wie durchsichtiges Glas. Und einen Tempel sah ich nicht darin,*

denn der Herr Gott der Allbeherrscher ist ihr Tempel, und das Lamm. Und die Stadt bedarf nicht Sonne noch Mond, daß sie ihr scheinen; denn die Herrlichkeit Gottes hat sie erleuchtet, und das Lamm ist ihre Leuchte. Textbibel 1899

XXX. UNWETTER UM DEN DOM
(23) Lukas 21. 25-26 *Und es werden Zeichen geschehen an Sonne, Mond und Sternen, und auf der Erde werden die Völker sich zusammendrängen in Angst vor dem Tosen des Meeres und seiner Fluten, da die Menschen vergehen vor Furcht und Erwartung dessen, was über die Welt kommt; denn die Gewalten der Himmel werden erzittern.* Textbibel 1899

XXXI. EIN REICH VON TAUSEND JAHREN
(24) Offenbarung 20. 4-6 *Und sie wurden lebendig und herrschten mit dem Christus tausend Jahre. Die übrigen Toten kamen nicht zum Leben bis zum Ende der tausend Jahre. Das ist die erste Auferstehung. Selig und heilig, der da Teil hat an der ersten Auferstehung. Über diese hat der zweite Tod keine Gewalt; sondern sie werden sein Priester Gottes und des Christus und mit ihm herrschen die tausend Jahre.* Textbibel 1899

XXXIV. JUNGFRAU, HILF !
(25) Offenbarung 9. 1 *Und der fünfte Engel blies die Trom-*

pete: und ich sah einen Stern vom Himmel gefallen auf die Erde, und es ward ihm gegeben der Schlüssel zum Brunnen des Abgrundes. Textbibel 1899

XXXV. VERSTUMMEN DER IRDISCHEN STADT
(26) Offenbarung 18. 22-23 *Und kein Ton von Zitherspielern, Musikern, Flötisten und Trompetern soll mehr in dir vernommen werden, und kein Künstler irgendeines Gewerbes soll mehr in dir gefunden, und kein Geräusch des Mühlsteins mehr gehört werden in dir. Und kein Leuchter soll mehr in dir scheinen, und kein Jubel von Bräutigam und Braut mehr in dir vernommen werden.* Textbibel 1899
(27) Offenbarung 18. 11, 15-18 *Und die Kaufleute der Erde heulen und trauern über sie, weil niemand mehr ihre Ware kauft... Die Händler dieser Dinge, die an ihr reich geworden, werden in ferne stehen aus Furcht vor ihrer Qual, heulend und trauernd und rufend: Wehe, wehe, du große Stadt, die du gekleidet warst in Leinen und Purpur und Scharlach, und vergoldet mit Gold, Edelsteinen und Perlen; denn in Einer Stunde ist all dieser Reichtum verödet. Und all die Steuerleute und Küstenfahrer und Schiffsleute und was auf dem Meer arbeitet, standen von ferne und schrien, da sie den Rauch von ihrem Brande sahen.* Textbibel 1899

LIEBESSPIEGEL

RADIERUNGEN

VON

HANS ERNI

DEIN LIED IST DREHEND WIE DAS STERNGEWÖLBE,
ANFANG UND ENDE IMMERFORT DASSELBE.

                                  Goethe: Westöstlicher Divan

Meiner Gattin
Marien Magdalenen zugeeignet

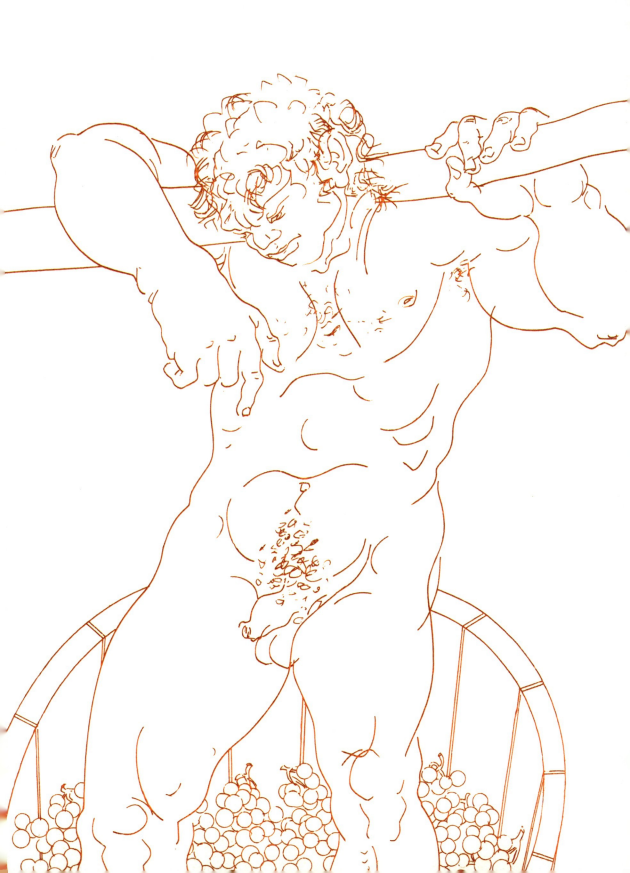

DER WEINTÄNZER

SPRACHE, du Rebe, von glühendem Weinberg beschert,
Weintreter bin ich dir, tanzend die Trauben zu Trestern,
Quetschend die Maische, die quoll, dass ins Morgen das Gestern
Fliesse, o Freunde, wenn längst euer Weinberg verheert.

Mögen die Nüchternen auch, die den Gott nicht geehrt,
Schelten das Fest und den wirblichten Tänzer verlästern,
Reigt um die Trotte, o Männer, mit bacchischen Schwestern,
Schwärmet, ihr Raser, die jubelnd das Rauschlied begehrt!

Weintreter bin ich im Fasse der Sprache, des Hortes,
Den sich mein Volk noch erhielt trotz dem sterbenden Glauben,
Nackiger Tänzer, der tanzet auf federnder Ferse
Pressend die Frucht aller Zeit und des spätesten Wortes,
Tanzend im Herbste der Sprache auf gärenden Trauben,
Tanzend, o Männer, im Fass in den Ketten der Verse!

APHRODITE

Aus Tang und Algen wallte einst dein Haar,
Das deinen Nacken wellenhaft umschlossen,
Und eine Zeit gab's, ehe du ersprossen,
Wo deine Lippe die Koralle war.

Dein Busen schuf sich aus der Wogen Schar,
Die hebend, senkend ewig hingegossen ;
Dem Meeresschaume ist dein Leib entflossen,
Und aus der Flut dein Atem sich gebar.

Seither ist Wollust schwindelndes Ertrinken,
Und Flut und Ebbe gehen durch dich her...
Oh, selig der, dem deine Arme winken,
Denn deine Lust ist ewiger Begehr !
Doch wehe denen, die zu Grunde sinken
In deinen Augen, tiefer als das Meer.

SCHALE UND MUND

Hast du mich so verführt, war ich Bestecher
Mit meinen dunklen Augen, welche winken
Dich auf dies Lager, wo im Niedersinken
Dein Kleid dir hinfällt wie ein offner Fächer?

Wer gibt, wer nimmt, wer ist der Wein, der Becher?
O Liebe, Lethestrom, woraus wir trinken,
Wenn wir in Ohnmacht und in Wollust sinken,
Wer war die Schale und wer war der Zecher?

DER SCHÜTZE

WER schleuderte ins All den Flammenspeer
In einem Strom der Feuer und der Wunder ?
Stern steht an Stern gleich Dolden am Holunder ;
Da losch und sank der Glühende zum Meer.

Jetzt stiebt ein Pfeilschwarm in die Kreuz und Quer...
Schoss ihn der Liebesgott und Herzverwunder
Wie Schmiedespäne und wie goldne Zunder
Im Dämmerraum des sprühnden Himmels her ?

Er war's... der launische, der lose Jäger,
Und sein Geschoss bringt Leiden oder Lust.
Hört, das Getier brüllt ruhlos im Geläger,
Auch uns durchbohrt er, eh wir des bewusst :
Die Urkraft schuf den lohen Fackelträger,
Und selbst den Göttern brennt er in der Brust !

GÖTTER DIE WELT ZEUGEND

O DIESE Paare, brünstig sich umfassend,
Als Urgestalten aneinanderhangend,
In Dämmerräumen tagend und verblassend
Sich zugekehrt, im ersten Spiel verlangend;

Der Mann als Himmel auf das Weib sich lassend,
Das Weib als Erde offen und empfangend,
Wie Strahl und Schale sammelnd und verprassend,
In eins verflossen, gebend und umfangend;

Und so in Lust des Anfangs Werk entzündend,
Noch halb erhoben um ihr Aufruhn ringend,
Vor Ebnen meergrün sich auf Ocker gründend;

Und ihre Leiber sich entgegenbringend,
Als hätte sie der Strom der Welt getrieben
Wie Wolken, die sich ineinanderschieben...

LICHT UND FINSTERNIS

So WIE das Gold, das in der Erde Nacht
Verborgen ruht, nicht blitzt in seinem Gleisse,
Da es nur leuchtet in des Tages Weisse,
Wenn es emporgeholt aus dunklem Schacht :
So, eh die Liebe leuchtend sie gemacht,
Schlief meine Seele, dass sich nicht zerreisse
Des Schattens Schleier und sich nicht verheisse
Der Freude Strahl, in Finsternis erwacht.

Doch Liebe kam durch alle Dämmerungen,
Erst nur wie Röte, die durchs Leere bricht,
Und herrlich war's, wie sie die Nacht durchdrungen ;

Und sprach zu mir: Von jeher war das Licht ;
Schau, deines Herzens Schrein ist aufgesprungen...
Glanz war um dich, doch lange sahst du's nicht.

DER MÄRZGEBORENEN

I<small>M STERNENHIMMEL</small> forscht mein Blick, als ständen
Dir so wie einst des Schicksals Feuerzeichen.
Doch Venus blitzt schon über Ostgeländen...
Zerkettet euch, Gestirne, im Erbleichen!

Ein Silberstreif erdämmert, Licht zu senden.
Der erste Strahl soll dir nur Rosen reichen:
Geschick gebar dich mit des Frühjahrs Blenden,
Wenn Nächte schwinden, um dem Tag zu weichen!

Vom Steinbock abgewandt, den Winter fliehend,
Entschwebt der Leuchtball, hell gen Norden ziehend,
Die Fische übersprühnd im Glanzgewitter!

Nun stürmt die Sonne hin zum goldnen Widder:
Im Weltall loht des Frühlings Fackel auf!
März streut dir Blumen vor der Füsse Lauf...

AN DIE TAGENDE

O SCHLUMMERNDE, schon glänzt der Amethyst
Dir an der Hand im blassen Dämmergrauen,
Und schöner ist des Ringes Stein zu schauen
Als Ostens Nachtblau, das jetzt lichter ist.

Erwach, dass nicht die Welt den Tag vergisst.
Pflück ab die Sterne in des Himmels Auen,
Eh noch der Erde Wiesen sich betauen :
Weisst du denn nicht, dass du der Morgen bist ?

Im goldnen Strahlenhaar, das Haupt im Kissen,
Bist du die Sonne, die im Weltrand ruht,
Die langsam steigt aus tiefen Finsternissen...

Schon preisen Lerchen dich mit Minnesingern ;
Nimm Purpur nun, mal auf die Nägel Glut
Der Morgenröte mit den Rosenfingern !

DAPHNIS AN CHLOE

Wär ich auf deinem Haar die Blumenzier!
Um deinen Hals der Beerenkette Rund!
Und für dein Bild des tiefen Weihers Grund!
Und für dein Bad der Kühle Sprudel hier!

Wär ich die Flöte, bliesest du auf mir!
Wär ich der Quell, du tränkst aus meinem Mund!
Wär ich der Apfel, bissest du mich wund!
Wär ich dein Lamm, so läge ich bei dir!

Wärst Du die Blüte, die im Winde zieht!
Wärst Du der Strauss, ich atmete dich ein!
Wärst Du die Flut, ich schwömme durch dich hin!

Wärst Du das Rohr, ich spielte drauf mein Lied!
Wärst Du der Born, die Hohlhand möcht ich sein!
Wärst Du der Teich, ich spiegelte mich drin!

DIE MARIENHAFTE

O WONNESAME mit den schweren Haaren,
Mit Augen, die ein Glanz betaut,
Mir deucht, als wäre mir dein Bild vertraut
In einem Garten, wo die Zedern waren.

Auf lichter Dämmrung, halb im Unsichtbaren,
Hat dich mein Sinnen umrisshaft erschaut,
Und sagte mir: sie ist des Herren Braut,
Ich will zu ihr wie Gottes Engel fahren.

Denn also mögst du sein: marienhaft
In langem Kleide leicht nur aufgerafft,
Wenn du so gehst gleich schaukelnden Zypressen,
Am Weltrand wandelnd sanfter als der Wind,
Mit Blicken süss wie Nacht und voll vergessen
Durch Abende, die goldner Honig sind.

DARBRINGUNG

Wenn du dein Kind an deinem Busen stillst,
Die Brüste triefend voller Zärtlichkeiten,
So ruht dein Blick in anfangslosen Weiten,
Im Strom der Welt, wo du nicht enden willst.

Ein Born bist du, da du von Säften quillst,
Ein Lebensbrunnen und das Tor der Zeiten
Und warmes Rieseln süsser Trunkenheiten
Dem Lieblichen, dem du entgegenschwillst.

Hoheit der Mutter schaut aus deinen Zügen,
Unendlichkeit der urbewussten Freude ;
Des Lächelns Schimmer gleicht der Gnadenreichen...

Und wenn die Weisen wieder Gaben trügen,
Nicht nur im Kind sähn sie das Weltgebäude :
Sie knieten hin, auch dir sie darzureichen.

AN DIE BLONDE

Seit du erspäht den ersten Schnee im Haar,
Musst du an seiner goldnen Seide mängeln,
Die Flechten teilend, die sich niederschlängeln :
Kann's nicht auch sein, dass Schnee auf Blüten war ?

Bring deine Locken meinen Küssen dar !
Du darfst mich dann als losen Knaben gängeln
An diesen Schlingen, wo sich Flämmchen krengeln :
Oft sinkt der Frost auch auf das Jahr.

Lang mögst du blond die Last der Strähnen sehen,
Die duftend dir um deine Schultern wehen
Wie Zügel für ein Zügelloses Spiel !

Was deine Finger suchen an den Schläfen,
Selbst wenn sie überall auf Silber träfen,
Sei Schnee nur, der im Frühlingsmorgen fiel !

FAUN UND NYMPHE

I. Mittagsstille

II. Überfall

III. Anrufung

IV. Lauer

V. Faun und Nymphe

VI. Der Flötende

VII. Die Umschlungenen

VIII. Mitternachtsstille

I. MITTAGSSTILLE

DER Mittag blitzt durch das Geblätter nieder,
Die Moore schlummern, grün und spiegelklar,
Im Röhricht dehnt der Pan die müden Glieder...
Sein Licd verstummt, das so geschwätzig war.

Kein Lockeruf hallt in der Wildnis wider.
Wo sind die Nymphen, die der Wald gebar?
Und regungslos, die Köpfe im Gefieder,
Ruht dort der Schwäne unbewegte Schar.

Getier und Faun verbirgt des Schattens Kühle.
Nur Schilfe treiben ihre hohlen Speere:
Der Allgott schwillt im Schoss des Anfangslosen;

Denn Sümpfe brüten in der Flimmerschwüle,
Die Erde schläft in träger Mutterschwere,
Kein Vogel trinkt mehr auf den Wasserrosen.

II. ÜBERFALL

Noch schläfst du Faun. Was ist dies schwirrend Rauschen
Von grossbewegten Schwingen auf der Flut ?
Sind's Federnschöne, die den Fittich bauschen ?
Naht dir der Schwäne schimmerlichte Brut ?

Mög jetzt dein Traum die Schar in Nymphen tauschen,
Da in der Macht des Schlafs das Trugbild ruht !
Jäh wache auf: die irren Sinne lauschen
Nach Mädchen, fliehend zu der Brunnen Hut !

Dort fliesst's wie Schnee... Und durch des Rohres Knicken
Trag dich die blinde Lust des Überfalls :
Du zwingst den störrischen, den weissen Hals

Ach, dieser Leib, der dich mit Flügeln fasst,
Mit Schnabelhieben, die die Brust zerpicken,
Und dieser Sieg auf überwundner Last !

III. ANRUFUNG

Ihr Götter, die ihr Korn und Hülse spaltet,
Füllt mich mit Kraft aus Tagen, wo es lentzte!
Ich nah mich flehnd, der eure Steine kränzte,
Ich, der so oft der Nymphen wild gewaltet.

Des Weihers Rose habt ihr ja gestaltet,
Wo vorerst einsam nur das Wasser glänzte,
Und aus dem Kelch schuft ihr das unbegrenzte
Aufgehn des Schwans zum Himmelsblau entfaltet.

Vollendet ihn: er öffne seine Schwingen
Gleich einer Seele, die sich sehnend scheidet
Aus dem Gefäss des Leibs, das ihr entsiegelt.

So hebt aus ihm, das Schönste zu vollbringen,
Die nackte Nymphe, die der Tag nur kleidet,
Als lichte Säule in der Flut gespiegelt.

IV. LAUER

IM WEIDICHT lauschte er dem tollen Drusch
Der Moorgewässer, wo die Nymphen paschen;
Die Jüngste sich aus dem Gespritz zu haschen,
Glitt er ins Röhricht durch des Ufers Rusch.

O Badende, die sich zu lange wusch,
Du wirst ihm Beeren aus den Lippen naschen!
Bald knüpft er dich mit unsichtbaren Maschen
Ins Netz der Küsse zwischen Forst und Busch.

Du reigst im Ried, von Sprudelgischt umstoben,
Betäubt, betört im Plätscherklatsch der Wellen,
Blind vor des Kräuselns glitzerndem Gewimmel...

Es schwankt im Schilf... halb hat er sich erhoben,
Dem Panther gleich dir aufs Genick zu schnellen
Mit einem Schrei der Lust zum Waldeshimmel.

V. FAUN UND NYMPHE

JETZT hat er dich! Sein Arm hält dich umfangen!
Mit deiner Last ist er dem Sumpf entschritten;
Für all die Nymphen, die dem Sprung entgangen,
Schlürft er dir Brunst aus den gestrotzten Titten.

Schon glühst du auch: du biegst dich, zu empfangen...
Gekrümmten Rumpfs hast du den Faun gelitten,
Und deine Schenkel sind wie zähe Schlangen,
Die schnürend über seine Lenden glitten.

Er ist der Stamm: sei ihm des Efeus Ranke!
Sträub mehr ihn auf, ihn härter dir zu strammen,
Schmieg dich dem Drange als die Schmeidig-Schlanke,
Zieh enger noch dich raupenhaft zusammen,
Umzwing ihn brennend, brich die letzte Schranke,
Und lösch, entrauscht, ihm des Verlangens Flammen!

VI. DER FLÖTENDE

Gekühlt an ihm, bist du zum Hain entwichen.
Ein Kranz nur liegt noch, wo ihr euch durchdrungen,
Den spielend du aus roten Weiderichen
Dem Faun der Flöte um die Brust geschlungen.

Du bleibst ihm doch! Wie jetzt der Tag verblichen,
Hörst du die Pfeife in den Dämmerungen:
Nicht Abschied ist's, wenn auf des Windes Strichen
Der Sang des Rohrs verlockender geklungen!

Du kommst ihm still aus der verglühten Stunde,
Und dein Geschlecht ist wie der Kelch der Nacht:
O offne Blume auf dem Waldesgrunde,
Welch trunkner Brodem ist in dir erwacht!
Dein Duft steigt auf aus balsamdunklem Munde...
Nun schweigt das Lied, das dich zurückgebracht.

VII. DIE UMSCHLUNGENEN

Weltseele rauscht im dämmerfinstern Hain.
Es öffnen sich des Dunkels Flüsterreiche,
Und tief im Spätblau auf dem müden Teiche
Wallt jetzt der Venus Spiegelgold allein.

Wie's blatt, das glitt auf seinen Widerschein,
Dem Blattbild, aufliegt mit der Flut in Gleiche,
Ruhn zwei vermählt vor dieses Wassers Bleiche
Und weben sich dem Schlaf des Waldes ein.

Nur Schatten sind sie, Umriss vor den Nächten...
Vom Arm zum Arme rankte die Gebärde
Gleich Schlinggewächs, das sich entgegenreift;

Und ihre Glieder, die sich eng verflechten,
Sind urverbunden mit dem Schoss der Erde
Und wie Geäst, das ineinandergreift.

VIII. MITTERNACHTSSTILLE

IM WALD versank des Mondlichts letzter Bolz.
Die Zeit verrauscht im Sommersang der Grillen ;
Nicht geistert mehr die Flöte Pans im Holz,
Die Heimchen sind's im Zirpegrund, die schrillen.

Die Sichel, welche westwärts niederschmolz,
Liess schwarz die Himmel, die von Sternen quillen ;
Kein Vogel preist das Nahn des Morgengolds,
Bloss Urgeräusche knistern durch die Stillen.

Da strömt ein Hauch aus unsichtbaren Weiten,
Und Espen frösteln, die den Blast empfinden,
Und ihr Geschwank ist fliessendes Begleiten...

Doch ist kein Bläser in der Nacht zu finden :
Nur Seufzer zittern durch die leeren Saiten
Der Aeolsharfe mit den tausend Winden.

ZEUS UND LEDA

IM SCHILFGEMÜNDE patscht der Schwan nach ihr,
Schwank schillert sein Gefieder aus der Tiefe,
Als ob sein Urbild – klar – im Wasser schliefe,
Gespiegelt, blendend... Ah, wie gleicht er dir
Weissblosser Leda...! Ahnst du die Begier
Im Gott? Durchs Röhricht wat zum Rinnsal, triefe
Von Licht wie er... Hell blitzt dich an der schiefe
Abstrahl des Tages... O Nackte, bade hier!

Bedroh sie Schöpfervogel, Herr der Liebe,
Dräng – schmiegsam halsend – wild im Paarungstriebe,
Und zwing... Umflügle sie in Abendflammen!

Zerquirlend flaut die Strömung, eh sie ruht.
Sein Glanz, dein Glanz nun schmilzt in eins zusammen,
Zurückgeschienen aus dem Schoss der Flut.

PERSEUS UND MEDUSA

STARR und verderblich und umlockt von Schlangen,
Die wimmelnd, züngelnd deinen Schmerz verfeinern,
Wenn sie wie Flechten und in immer kleinern
Geknäulten Strähnen dir vom Scheitel hangen,
Schläfst du, im Antlitz leidendes Verlangen,
Und unbewusst und blass und elfenbeinern...
Und deine grausen Blicke, die versteinern,
Sind oft, in Fels uns wandelnd, aufgegangen.

Wollust, du bist's, du grässliche Gorgogne!
Nur dem, der dich des Kopfs im Schlaf beraubt,
Im Schild dich schauend, von dir abgewendet,
Gibst du die Kraft als seines Sieges Krone,
Der Welt zu weisen dein entseeltes Haupt,
Im Tod vergeistigt und in sich vollendet.

DIE MEDUSENHAFTE

GELENKIG, dehnbar, mit des Bösen Reiz,
Der Schlange gleich, die auf- und niederglitte,
Sich selbst entfliessend aus des Knäuels Mitte,
Bewegt ihr Gehn den Wellenwurf des Kleids.

Dies Weib ist Abglanz jenes Kopfs des Leids
Der Nattern schüttelt, taub für jede Bitte,
Und es erbangen des Betrachters Schritte,
Naht sie ihm kalt im Blitze des Geschmeids.

Erkenn sie frierend: eine Maske ward
Ihr schmerzlich aufgesetzt wie eine Lüge,
Als ob dies Haupt noch eine Seele trüge.

Doch ist der Ausdruck wie ein Fels so hart;
Tritt nicht hinzu, entschleire nie die Züge:
Du bist der Stein, auf den Medusa starrt!

ACHT BILDER EINER GLEICHEN

DIE SCHWANENGLEICHE

Schön wie der Schwan bist du auf dunklen Wogen
Und wie der Auserwähltheit edle Schale,
Und von dem Vogel hast du jene schmale
Und schlanke Form, in die dein Hals gebogen.

Und steil und stolz kommst du einhergezogen,
Nur kühl mich streifend mit des Blickes Strahle,
Als schrittest du zu einem Königssaale,
Und hoch und hehr und nur dir selbst gewogen.

Auch leihst du von dem Segler auf den Wellen
Die Kunst zu salben deine glatten Glieder,
Und selbst das Laster kann dich nicht entstellen;

Und gösse ich der Tränen Sintflut nieder,
Dich netzte keine ihrer tausend Quellen,
Und nutzlos flössen alle Regen wieder.

WEIB VOR DEM SPIEGEL

DEIN tiefer Spiegel weist das Lächeln vor
Der Lippen, die aus seinem Rahmen sprechen ;
Wem flüstern sie, die vollen, sinnlich frechen
Das lose Wort der Lüsternheit ins Ohr ?

Oh, dir allein... Wie sich Narziss verlor,
Nie zu sich steigend durch des Quellbilds Flächen,
Kannst du dich nicht aus diesem Silber brechen :
Im Glas nur steigst du zu dir selbst empor.

Trink deine Schönheit aus der leeren Schau,
Wie sich der Knabe sah im Waldesgrunde,
Zurückgeglänzt in eines Wassers Stau ;

Und führe hin den Mund zum Gegenmunde,
Den Kuss zu schlürfen, der aus dir geronnen,
Dich selbst geniessend am verbotnen Bronnen...

BILDNIS

In tiefer Ruhe, hoheitsvoll und leer,
So sah ich deine Züge wie im Schlummer,
Als ob der Tod, der Hüller und Vermummer,
Die ewge Maske senkte auf dich her.

Noch so wie du erschien mir nur das Meer
Mit seinem glatten Spiegel wie ein stummer
Verschlossner Grund, wenn seine Flut im Schummer
Zurücksinkt – in der Ebbe Wiederkehr.

Denn gleich der See wirst du dich nie erschliessen,
Nie vor dem Sturm im Innersten erbeben,
Nur wie die Welle in dir selbst zerfliessen ;

Du kannst nicht hassen, lieben, und dein Leben
Muss sich wie eine Brandung ausergiessen,
Die stets sich hinwirft, ohne sich zu geben.

DIE GEGEISSELTE

Du liebst den Schmerz und kostest ihn von innen...
Doch ist's nicht Eros, der dich schlägt und reinigt ;
Neronisch ist der Traum in deinen Sinnen :
Nie warst du Psyche, die der Gott gepeinigt.

Der Dirne Schmach willst du dir abgewinnen,
Und deine Hoheit hast du selbst gesteinigt,
Du suchst den Schimpf gefallner Königinnen,
Entwürdigung, die Sturz und Grösse einigt.

Weil du so stolz bist, musst du dich erniedern
Mit der Unendlichkeit, die in dir ist ;
Nach jeder Schande gierst du im Besitze :

So glüh in Leiden mit geschlossnen Lidern,
Geniess den Brand, der in die Tiefe frisst,
Und peitsch die Lust zu unerhörter Spitze !

DIE WAHLLOSE

Den Königlichen suchst du nicht, den Freien,
Du suchst nur unterworfne Leidenschaft,
Des Schleppenträgers leere Zierereien,
Den Sklaven, der zu dir als Herrin gafft.

Mit Niederen die Liebe zu entweihen,
Die göttliche, die hehre Lebenskraft,
Lauschst du der Schranzen hohlen Schmeicheleien,
Und frönst als Magd in deiner Knechte Haft.

Als eine Herrliche wardst du geboren,
Dem Falken gleich ist dir der Kopf geadelt,
Doch ahnst du es, wie sehr du dich vergibst ?

Die Herrscherseele ging dir jäh verloren :
Gilt nur der Mietling, der dich nicht getadelt ?
Ach, du hast nie gewusst, warum du liebst !

DIE FRUCHTLOSE

> Nun wachse aus dir
> nimmermehr eine Frucht!
> *Matthäus 21 . 19*

STRAFF dir den Busen, deinen weichgeküssten,
Hol freche Farben aus dem Salbentiegel
Und schmink die Wangen vor dem goldnen Spiegel,
Geniesserisch zur Liebe dich zu rüsten.

Brach sollst doch stets der Männer leer gelüsten,
Gezeichnet wurdest mit des Todes Siegel!
Kein Kind zerriss dir deinen Mutterriegel,
Nie quoll des Lebens Strom aus deinen Brüsten!

O Schwelgerin, dein Fleisch ist süsse Speise,
Doch deinen Kelch füllt bloss des Lasters Schaum:
Nur taube Blüten blättern dir vom Reise...

So sei der dürr gewordne Feigenbaum,
Dem vor den Toren einst der Herr geflucht,
Als seine Hand umsonst die Frucht gesucht.

DIE ALTERNDE

Du stolzes Weib mit königlichen Zügen,
Auf dir erglüht der Jugend später Schein;
Nicht lange werden noch die Schmeichler lügen:
Du möchtest glänzen und wirst dunkel sein.

Dem Strudel deiner Launen zu genügen,
Trankst du im Haus der Freude nie allein
Den Schaum der Lust, das blendende Vergnügen
Der Taumelnächte und der Tändelei'n.

Nun wirst du einsam und die Schönheit blasst.
Der Liebe Wein süsst dich zum letzten Male;
Doch Hefe nur hast du zum Mund gehoben;

Drum lös aus deinem Haar der Rosen Last,
Und wirf die welken in die leere Schale:
Das Fest ist aus. Die Gäste sind zerstoben.

TOTENTANZ

Dir war die Welt ein Lust- und Maskensaal.
Den Männern, die dein Mahlstrom aufgefangen
Hast du in toller Fastnacht angehangen:
Ein Schritt mit Jenem – ende nun die Zahl!

Du schauderst jetzt... Wer der Tanzgemahl?
Es ist der Hagre mit den hohlen Wangen,
Der unsichtbar dem Reigen vorgegangen,
Er mit der Sanduhr und dem Sterbemal.

Horch, eine Flöte hörst du beinern pfeifen,
Doch ist kein Bläser hinter diesem Spiel:
Gewand und Schmuck, du musst sie niederstreifen,
Ja, selbst dein Fleisch, es ist für dich zuviel,
Um aus der Leere schwindelnd ihn zu greifen...
Ein Tänzer lud dich, der in Nichts zerfiel...

EROS

Nie sehrte je der Eber mit dem Hauer
Den Jäger, wie du mich, o Gott, zerschrunden;
Du sandtest Pfeil auf Pfeil in meine Wunden:
Ich floh vor dir, durchbohrt wie ein Kentauer.

Doch tief im Herzen sass mir wie ein Schauer
Das brennende Geschoss, das du entbunden;
Ich trug den Schmerz durch Jahre und durch Stunden,
Und ungelöst blieb meiner Seele Trauer.

Und oft griff ich mir an die wehe Brust,
Die Spitze fassend, die in mich gekeilt,
Da wo mein Leben wie in Strömen flutet;

Dann aber ward mir jene bittre Lust,
Zu kosten diese Wunde, die nicht heilt,
Denn wer den Pfeil herausreisst, der verblutet.

ODYSSEUS

WIE kannst du stillen meines Wunsches Sehnen,
Der allzu lang in meiner Seele schwoll?
In Fesseln fand dein Rufen mich wie jenen,
Dem die Erfüllung aus der Träne quoll.

Ich sträubte mich, mein Haupt an dich zu lehnen,
Und lieh mein Ohr der Lockung, die erscholl:
So fuhr Odysseus einst vor den Sirenen
Und lauschte den Gesängen schmachtungsvoll,

O öffne netzhaft deiner Arme Schlingen,
Und grausam werde mir dein Reiz bewusst...
Kein frischer Wind darf in die Segel dringen,
Auf dass der Schmerz mir singe in der Brust:
Die Rudrer sollen mich vorüberbringen,
Und im Verlangen sei die tiefste Lust!

DIE GRAUSAME

Wärst du im Kampfhaus zu der Götter Zeiten,
Zu unterst setztest du dich auf die Hänge,
Da wo die Fechter dir vorüberschreiten,
Geweiht dem Cäsar und der trunknen Menge.

Und liessest stets den Daumen abwärtsgleiten
Zum Stich, der des Gefallnen Brust durchdränge,
Und gafftest eisig auf den Todbereiten,
Der lang umsonst vor dir nach Atem ränge.

Weil ich zu dir gesehen, zu deinem grauen
Und harten Augen, die mich kalt verstiessen,
Traf mich der Hieb durch meines Panzers Lücken;

Denn du bist grausam gleich der Römer Frauen,
Die in dem Sand den Krieger sterben hiessen:
Sein schmerzlich Röcheln fächelt dein Entzücken!

DER VERSCHWENDER

So nimm mir alles, nimm's mit kühlen Händen,
Vergeude auch das Saatkorn mit den Ernten,
Höhl mich zur Frucht, zur leeren, zur entkernten,
Und dann zertritt mich, ohne dich zu wenden.

Denn das ist Liebe: alles so verschwenden,
Und sein wie die, die das Verspielen lernten,
Wie Bettler hinter deiner schmuckbesternten
Und stolzen Schleppe, die am Wege enden.

O dieses Geben, dass du grösser werdest,
Und dieses Dunkeln, Sinken gleich den andern,
Um tief im Staube deinen Glanz zu grüssen;

Nur dass du königlicher dich gebärdest,
Und weg von mir die grünen Augen wandern,
Wenn ich mein Gut verprasst zu deinen Füssen.

SIMSON GEBLENDET

> «Da kamen der Philister Fürsten zu
> ihr und brachten das Geld mit»
> *Buch der Richter* 16.18

ICH war der Hund auf deines Duftes Spuren,
Begehrlich hattest du den Rock gerafft,
Delila, schönste unter Gazas Huren,
Da hat die Lust zur Säule mich gestrafft.

Selbst als die Feinde sich mit dir verschwuren,
Lag ich dir bei in Brunst und Leidenschaft,
Bis ihre Speere mir ins Auge fuhren,
Und mich im Schlaf der Locken Schur erschlafft.

Doch wisse es: nur Werkzeug warst du, Dirne!
Es war der Herr, der mir die Blindheit gab,
Mich hiess in Fesseln um den Mühlstein gehen.

Schon sieht mein Herz das Feuer der Gestirne,
In meine Tiefe stieg ich, in mein Grab,
Um in der Dunkelheit den Glanz zu sehn.

SIMSON UND DELILA

Den Gürtel will ich dir vom Leibe raufen
Und niederknien vor deiner Spangen Leuchten,
Am Minnebrunnen meine Lippen feuchten,
Am Honig, den des Schosses Lefzen traufen.

Delila, lull mich ein, mich zu verkaufen
Auf deinen Schenkeln, wo den Schlaf wir scheuchten,
Bis Mund an Mund wir Lust und Wonne keuchten...
Fluch mir! Ich floh mein Volk, dir nachzulaufen!

Ach, wie ist Eisen nach den Küssen kühl!
Weh, ich vergass vom Lager aufzufahren:
Wir wälzten uns wie Schlangen in Gewühl.

Eh noch der Feind mich kettete im Pfühl,
Lag ich in Banden, die nicht sichtbar waren:
Simson gefesselt in Delilas Haaren.

MARIA MAGDALENA

> Ihr sind viele Sünden vergeben,
> denn sie hat viel geliebt.
> *Lucas 7. 47*

Du warst nur Unzucht in der Hoffart Kleide,
Und deine Augen glichen schwarzen Grüften,
Du gingst in Purpur und in roter Seide,
Und jeder durfte deinen Schleier lüften,

Zur Lust des Fleisches und zur Männerweide
Bauchtänzerisch wogst du die vollen Hüften
Auf dunklen Beinen, klirrend von Geschmeide,
Vor Räucherbecken und in süssen Düften.

Der Buhlen, die dir deinen Busen küssten,
Hast du geharrt, gesalbt auf deinem Bette,
Dass niederrinnen über deine Glätte
Die Freudenbecher, die dich makeln müssten:

Und doch seh ich dich knieen zu der Rechten,
Die Füsse trocknend mit den schönen Flechten.

ZEUS

UNTREUER Gott voll List und Vielgestalt,
Du, das Verhängnis ungezählter Bräute,
Erst nahst du schmeichlerisch und sanft der Beute,
Und schon bist du Verlangen und Gewalt!

Von Schoss zu Schoss gewitternd, schwängernd wallt
Dein goldner Regen, der den Samen streute,
Doch die Entzündete, die weh Erfreute
Fühlt, dass der Bund nicht dir, dem Gatten, galt.

Oh, das ist männlich: gleich der Flamme zehren
Die Eintagsbuhlen seiner ewgen Lust,
Und sie verlassen und nicht wiederkehren.

Denn tiefer bist du deiner Macht bewusst,
Wenn sich die Gluten an den Opfern mehren,
Und nicht dir brennt die unbewegte Brust.

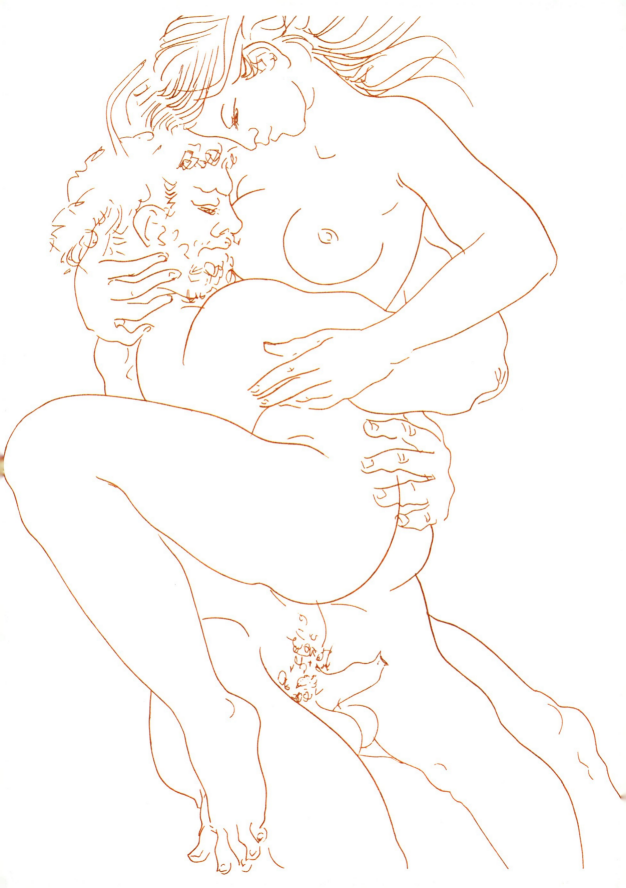

DON JUAN

IHR Weiber, die ihr euch mit ihm verflechtet,
Euch ist die Liebe Schicksal und Verhängnis,
Ihm ist sie Drang, doch euch ist sie Gefängnis:
Ihr seid die Mägde, die der Herr geknechtet.

Er kommt und geht durch kein Gesetz geächtet,
Bald eures Schosses selige Bedrängnis,
Bald euer Warten, eure Schmerzempfängnis
In leerer Nacht, wo ihr umsonst gerechtet.

O grause Kunst: sich schmiegen und versprechen,
Bis man den Weg in euer Herz gefunden,
Um schonungslos den Pfeil in euch zu stechen!

Nur dem dient ihr, der nichts für euch empfunden,
Und ketten schuf, die nur für euch nicht brechen,
Der sich erlöst, indes er euch gebunden.

DER SPIELER

Ich weiss nicht mehr, was deine Seele litt,
Ich weiss nicht mehr, was deine Lippen lallten;
Ich hörte nur die Rufe, die verhallten,
Wie wenn der Spieler von der Bühne tritt.

Den Mantel, der mir aus den Händen glitt,
Und meine Maske hast du nur behalten,
Als ich, entsteigend des Gewandes Falten,
Dir über den zerstörten Busen schritt.

Ich bin der Freie und der Wanderkühne,
Der Künstler, der dem Gotte gleich auf Erden
Mit Sterblichen in kurzer Liebe schwelgt.

Schon fällt der Vorhang über deine Sühne:
Selbst deinem Tode schuf ich die Gebärden,
Indes du hinfällst, in dir selbst verwelkt.

DÜRRE BAÜME IM WEINGELÄNDE

IHR, tote Bäume, überrankt mit Reben,
Die wie Vergattete vom Wein umschlossen,
Gerüste seid ihr, wo die Trauben schweben,
Doch euer Holz ist nicht von Saft durchflossen.

Der öde Ast versponnen in das Leben,
In die Umarmung mit dem Lustgenossen,
Bloss als Gebärde ist er hingegeben,
Denn, was er hält, hat er nicht selbst umsprossen.

Ihr seid wie jene, die, vom Weib umfangen,
Sich dürr und lechzend auf die Bürde neigen,
Und keine Kraft will in die Stämme steigen,
Gepaart zu Formen, die sich eng verlangen
Und buhlerisch der Liebe Alp nur zeigen,
Und nichts erfassten und sich leer umschlangen.

BÜHNE DES LEBENS

SCHAUSPIELER-Mensch, der Vorhang, er wird fallen.
Das Stück ist aus, entflohn die letzte Zeile...
Verneig dich mehrmals, lächle eine Weile:
Man klatscht dir zu... Geliebt bist du von allen!

Und geht, vergisst dich... Menge strömt aus Hallen...
Du bleibst allein. Welch Los wird dir zuteile?
Nachthauch füllt leeren Saal mit Windeseile.
Das Licht erlosch! Wem hast du je gefallen?

Gestaltengaukler vorgetäuschter Handlung,
Zwar schufst du Rollen, doch sie stehn dir nicht!
Darsteller, zeig nun deine Schlussverwandlung!

Wisch Lust und Leid wie Schminke vom Gesicht:
Nur Masken sind sie, Worte und Gebärden...
Erkenn dich selbst: Das Sein ist nie das Werden.

ABEND

Nach Westen zogst du zu den Niederungen
Im weissen Mantel, der dich sanft umwallte,
Da floss auf dich aus des Gewölkes Spalte
Ein spätes Leuchten wie mit Feuerzungen.

Ein Rosenschimmer brach aus Dämmerungen
Des Himmels, wo sich das Gewitter ballte,
Wie aus der Götter klarem Aufenthalte
Und wie ein Abglanz, ihrer Welt entsprungen.

So muss dein Antlitz nach der Liebe sein
In seiner Nachglut, wenn die trunken Sinne
Noch nicht in sich die letzte Lust ertötet.

Wie schön erschienst du mir im Abendschein,
Als tränkest du im Wonnekelch der Minne
Den holden Wein, der bis zur Neige rötet.

DIE ENTSCHLEIERTE

Du GÜRTELSCHLANKE steigst in weitem Rocke
Aus Abendglut, entblösst in seiner Gaze,
Erdunkelst jäh, schon nackt in seiner Glocke :
Lustbringerin am Himmel der Oase.

Umstrahlt von Helle, Schimmern im Gelocke,
Und lichtbekränzt, umsponnen wie von Glase,
Als flösse Wasser aus dem Brunnenstocke,
Ragst du vor mir wie eine schwarze Vase.

Durchtsichtger Glanz ist nur noch dein Gewand...
Und wie du vor der Sonne Feuer trittst,
Verklärst du dich in duftigen Geweben,
Gleich Sabas Herrscherin im Wüstenbrand,
Als sie zum König schritt, von Gold umblitzt,
Um ihre Schönheit schleierlos zu geben.

VOR DEM HANDSPIEGEL

Erst als sich deine Hüllen niederstreiften,
Wardst du das Weib, gemodelt von den Küssen,
Mit vollen Formen, die zur Liebe reiften,
Glatt wie ein Kelch erfüllt von Überflüssen.

Aus den Gewändern, die am Boden schleiften,
Und aus den Schleiern, die zerrinnen müssen,
Tritt mit den Beinen, diesen hoch geschweiften,
Wie eine Venus aus des Meeres Güssen.

Und nimm den Spiegel, Haupt und Hals zu kleiden,
Und schaff den Gegensatz, den wonnesamen,
Entblössten Leibs, dran keine Spange glänzt,
Zum Kopfe, den du anziehst mit Geschmeiden,
Und stehe nackt – und schau dort aus dem Rahmen
Gepflegt als Herrin, nur von Schmuck bekränzt.

DIE ABGEWANDTE

Mir abgewandt gleich der geschwungen Welle,
Die sich zurückwirft in der Fluten Schoss,
Liegt vor mir ihres Leibes schlanke Helle,
Vom Nacken bis zur Ferse makellos.

Die Knöchel zierlich... weich der Waden Schwelle...
Selbst ihr Gesäss legt diese Schöne bloss...
O Sinnlichkeit an seiner Schattenstelle,
Nicht durch die Fülle : durch die Anmut gross !

Doch ganz vergräbt sie ihr Gesicht, als sei's
Ein andres Weib, ein neues, dessen Ohre
Man Küsse haucht, dieweil sein Rätsel bliebe ;

Denn nur den Rücken gibt sie blendend preis,
Dass sie nicht Ausdruck sei, nur die Amphore,
Die reine Form, die Venus jeder Liebe.

DIE BRANDENDE

Dem Felsen gleich, der Meeres Ansturm bricht,
War ich, Geliebte, und du warst wie Wogen,
Die wie im Rausche auf mir niederzogen,
Bis sank der Flut zerberstendes Gewicht.

Nun bis du Rückzug, Ebbe, Lustverzicht
Nach wildem Schwall, wo wir der Wonnen pflogen.
In welchen Abgrund hast du mich gesogen?
Die Brandung warst du, die sich mir verflicht!

Schon fliesst entströmend deiner Wellen Schwere,
Du lässt mich liegen wie den weiten Strand...
Ahnst du denn nicht, dass ich der See entbehre?
O walle auf, dich schüttend auf das Land!
Von deiner Last träumt mir, die wiederkehre,
Und von der Flut zerrinnendem Gewand.

DER STÜRMISCHE

Ich möchte mich gleich einer Welle bäumen,
Die brandend birst in tausend Silbererzen,
Und mich zerbrechen über deinem Herzen
Und schimmernd dir den Rand der Füsse säumen.

Lausch durch die Nacht dem Meer, das wir nicht zäumen:
Im Vollmond rauscht's und wälzt sich wie in Schmerzen,
Bis Wogen sich aus seines Schosses Schwärzen
Heraufgebären und zusammenschäumen.

Wie Gischt, die stürzt in zischend weissen Spitzen,
Und wie die Springflut bin ich, die aufs Land
Sich peitscht und aufschiesst, es zu überspritzen,
Bis sie sich ausgeworfen auf den Strand,
Wo sie versiegt in lächelndem Verblitzen...
Ich bin die Welle. Trink, du bist der Sand!

ENTSCHLUMMERN

IM RAUSCH der Wollust, eh wir uns befreit,
Schwillt eine Flut in Branden und in Stöhnen,
Bis gipfelnd sich zwei Wellenberge krönen
Zu höchstem Aufschwung voller Widerstreit.

Dann ist's wie Helle und wie Dunkelheit,
Und deine Lider sinken auf die schönen
Verglühten Augen, wo in Zwielichttönen
Ein Abend ausklingt in Erloschenheit.

O Meer des Schlafs! Dass uns kein Ufer grüsse,
Entschweben wir in deiner Stunden Triebe:
Entseelte Leiber in des Stroms Geschiebe.

Ins Bodenlose stiegen unsre Füsse
Und in des Dunkels schwere, tiefe Süsse,
Als ob die Nacht uns ohne Morgen bliebe.

VOR TAG

Bald sind des Himmels Gärten sternenleer.
Du sollst mir nun ein letztes Mal erglühen ;
Dann wollen wir wie diese Nacht verblühen...
Sieh, es erlischt ihr weisses Blütenmeer.

Der blitzende, der klare Luzifer,
Der hehre Edelstein der Morgenfrühen,
Stieg schon herauf in bläulichem Ersprühen :
Lichtträger vor des Tages Wiederkehr.

Gib dich, du Späte, in des Monds Entgolden,
Eh seine Sichel alle Silberdolden
Der Sterne mäht aus liebestrunkner Welt.

Du träumst das All noch wie ein Feld Narzissen,
Das schneeig aufspriesst aus den Finsternissen,
Doch diese Flur wird welken, wenn es hellt.

AN DIE MAYA

Du GLITZERNDE, du Gaukelspiel des Einen,
In Vielgestalt die Wesen zu bestricken,
Du schufst das Weib aus deinen Widerscheinen
Als eine Wollust, nie uns zu erquicken.

Denn in den Taumel, wo wir Freude meinen,
Hüllst du den Weg zu schmerzlichen Geschicken ;
Du löst nur jene, die den Glanz verneinen,
Und unbewegt durch deine Schleier blicken.

O Liebe, Brand und Lockung alles Lebens,
Du greifst in uns als eine fremde Macht
Fast wie der Tod : wir fliehen dich vergebens ;

Ein Blendwerk bist du, das ein Gott entfacht,
Alltäuschung, Werden, Drang des Weitergebens...
Du zehrst uns aus, und leuchtest durch die Nacht !

DIE EWIGE

DIE UNBEKANNTE, die du nicht gefunden
Suchst du im Weib in wechselnden Gestalten,
Denn ihr nur könntest du die Schwüre halten,
Die nie dich doch an Irdische gebunden.

Im Schritt der Schönen hast du sie empfunden,
Du ahntest sie durch des Gewandes Falten...
Doch wie Schleier vor dir niederwallten,
War auch die Göttin und ihr Glanz geschwunden.

Du zogst dein Mass aus ungeschöpften Normen,
Noch keiner hat die Ewige umschlungen,
Ihr Urbild steigt nicht aus dem Meer der Formen,
Bloss Nebel sind es, die sich ihm entrungen :
Und in der Lust verfolgst du sie vergebens...
Sie schwebt und lächelt jenseits alles Lebens.

UNSTERBLICHE MUTTER

EMPFÄNGNISOFFNE, keiner rühme sich,
Dass du ihn nicht erbeutest – lustverirrt!
Umwalle ihn – fangarmig – knäulgewirrt!
Dein Schoss grub Sog... Und Same floss in dich.

Allmutter immer, Mutter ewiglich,
Du, die gebar, gebiert, gebären wird,
Jedweder Schwängrer ward bloss Wechselhirt
Des Schäferspiels, der nie der Göttin glich.

Dein heilger Leib schafft Leben tief verborgen.
Betör der Freier Schar zum Rausch der Sinne!
Sie sei'n das Gestern... Dir gehört das Morgen.

So höhl sie aus! Ihr Bestes habe inne!
Nicht sollst du je nach leeren Schalen greifen...
Lock neue Werber, Frucht in dir zu reifen.

DER TEMPEL ZU KONARKA

OB DU zerstört auch seist, du bist Beginnen!
Aus deinen Friesen spricht noch das Verlangen
Der Tempelmädchen, die mit Schmuck behangen!
Empfängnislüstern ewig weiterminnen.

Sie winden sich gleich trunknen Tänzerinnen
Lianenhaft wie Indiens schwere Schlangen,
Und ihre Fesseln schütteln sie wie Spangen
In dir, o Stein, voll Sterben und zerrinnen.

Denn du zerrinnst mit diesen Lustgestalten,
In Nichts dich lösend, halb in Staub verweht,
Im Fluss der Form, der niemals aufzuhalten,
Drob Schiwa, der Verwandlung Tänzer, steht:
So falle hin, vergattet seinem Walten,
Gebier die Welt, die zeugend untergeht!

WIE PAN UND SYRINX

O SCHATTENHAIN, ich bin der ewge Pan !
Ich knüpfte nicht an meine dunkle Zotte
Der Nymphe Locke in der Nacht der Grotte,
Gab nicht dem Huf den Zierfuss zum Gespan.

Sie war's... mit nichts als Waldnacht angetan,
Ein Wild am Teich beschlichen von dem Gotte !
Doch ihre weisse Kruppe, mir zum Spotte,
Verschwand, verschimmernd in der Fluten Bahn.

Nur ein Gekicher lachte aus dem Moor.
Ich aber rief : Mein Mund wird doch dich pressen,
Wachs wieder aus dem Grund des Schilfs empor !
Besingen will ich, was ich nie besessen,
Und schneiden aus dem Halm der Flöte Rohr :
Ich kann dich nur in meinem Lied vergessen.

DER LORBEER

ER HINTER DIR ! Eil, Daphne, ohne Rast !
Apoll holt ein, wenn ihn die Liebe bindet.
So ruf die Erde an ! O Wunder... Schrindet
Ihr Grund, worauf du dich verwurzelt hast ?

Schon wird dein Leib zum Stamm, dein Arm zum Ast,
Der Finger zweigt, die Zehe krümmt sich, schwindet
Im Schoss des Bodens... Dennoch — halb umrindet —
Hat dich der Stürmische im Baum umfasst !

O Nymphe, die sich spröde ihm geweigert,
Du flohst umsonst das Götterjoch des Drängers,
Nie wieder löst sich dir des Laubs Umhüllung ;

Denn ewig krönst du jetzt das Haupt des Sängers,
Sieh, aus der Träne quoll ihm die Erfüllung :
Dein Schicksal war's, dass du sein Lied gesteigert.

HERBSTKLAGE

WELT, nähre Vögel mit der kargen Krume,
Mich stärkt das Licht und nicht des Feldes Korn !
Ich bin ein Faun aus goldenem Altertume,
Drum winde mir nicht Herbsteslaub ums Horn.
Sieh, meine Flöte spielt zu deinem Ruhme,
Schenk wieder mir die Badende im Born !
Ins Nymphenhaar hing ich der Rose Blume,
Die Rose schwand und ach, es blieb der Dorn.

Ich sang umsonst auf deinen blonden Ernten,
Schilflieder blies ich nachts im dunklen Ried,
Bis sich der Sonne Tage mir entfernten ;
Doch mass ich nicht, wie bald der Sommer schied,
Ob auch die Himmel früher sich besternten.
Du locktest mich... Doch wo ist nun mein Lied ?

BEZAUBERUNG

O LEIDENSCHAFT, du bist wie tausend Sonnen,
Die plötzlich aufgehn, unerblickbar hell !
Und plötzlich wieder in ein Nichts zerronnen
Versiegt der lichte, ungefasste Quell !

Dem Dufte gleichst du, dem wir nachgesonnen,
Aus einer Eintagsblume, rot und grell :
Her trugen Winde ihres Balsams Wonnen,
Zu rasch erblüht, verloren allzu schnell !

Und manchmal bist du nur die schleppend schrille
Beschwörerpfeife, Schlangen zu verführen ;
Es geht dein Singsang endlos durch die Stille.

Und zu der Schellentrommel dumpfem Rühren
Ertönt betörend bis zur Morgenröte
Dein lähmend Lied auf unsichtbarer Flöte.

AN DIE VERGESSENE

Wann war die letzte Nacht, wo so wir gingen
Und über uns der Sternenhimmel stand,
Wo wir wie sonst uns eng und warm umfingen,
Nicht ahnend noch, dass nichts uns mehr verband ?

Wann war die Nacht, wo wir zuletzt empfingen
Den Kuss der Liebe, ehe sie verschwand ;
Die Schicksalsfäden, die zusammenhingen,
Sag mir, wer brach sie, wessen war die Hand ?

Du weisst es nicht, denn keiner ahnte je,
Wie längst wir nichts mehr gaben im Verschwenden,
Und dieses wohl ist uns das grösste Weh,
Dass also sich in uns die Blätter wenden,
Dass wir nicht fühlen, wann die Tage enden,
Und wir uns trennten mit verschlungnen Händen.

VORSTELLUNG UND WIRKLICHTKEIT

Ach, mit den Tagen, mit den Monden, Jahren
Wuchs mein Verlangen, das du nie beschwichtet :
Du kommst zu spät, dem Wunsche zu willfahren,
Ich habe schon zu lange tief verzichtet.

Mein Auge wird dein Antlitz nie gewahren
So schön, wie's meine innre Schau gesichtet ;
Zu strahlend ward dein Bild im Unsichtbaren,
Als dass die Wirklichkeit es noch errichtet.

Nun musst du dem Gesicht des Herzens weichen,
Vor dessen hehrem Schein dein Glanz erblich ;
Mein Geist verlieh dir jenes edlre Zeichen,
Das längst ja nicht mehr deinem Wesen glich ;
Denn was ich träumte, wirst du nie erreichen :
Nur auf geschlossnen Lidern find ich dich !

TANZ

EIN ABSTAND, der sich nicht durchwandern lässt,
Liegt zwischen uns als ein unendlich Schweigen,
Und nimmer waren wir uns ganz zu eigen,
Nie hielt ich dich in meinen Armen fest.

Ja, selbst die Hand hat nicht die Hand gepresst,
Und unsre Liebe war nur schöner Reigen,
Wo sich die Paare grüssen und verneigen,
Sich selbst umgehnd in feierlichem Fest.

O Lust und Schmerz dich ewig zu umschreiten,
Wie Mond und Sonne sich im All begleiten,
Und Spiegel dir zu sein im holden Tanz!

Ich leuchte auf in fernen Dämmrigkeiten,
Doch nahe ich mich deinem goldnen Glanz
So lischt mein Silber in den Dunkelheiten.

ERINNERUNG AN EINEN TOSKANISCHEN GARTEN

DENKST du der Pergel noch mit den Glyzinen,
Der Lorbeerhecke und der Blust der Quitten,
Der Tulpen, Nelken und der vollgedieh'nen,
Der offnen Rosen, die zu Boden glitten?

Ach, der gestufte Garten, abgeschnitten
Vom Lärm der Welt, nur übersummt von Bienen,
Den Arm in Arm wir abends oft beschritten,
Bis Sterne zwischen den Zypressen schienen!

Den weiten Wandelweg durch Licht und Schatten
Willst du ihn nochmals gehen bis zur Linde,
Wenn neuer Lenz sie duftend blühen macht?

Ein Lied klang hier, das wir vergessen hatten,
Das einst mir starb und das ich wiederfinde,
Sing es mir weiter in der Frühlingsnacht...

NEIGE DES TAGES

DIE Arbeit ruhe. Lasset Müh' und Plage !
Doch schön war's, eure Rosen zu begiessen,
Gepflegte Rosen vor Gebüsch und Hage,
Die duftend fern im Grund des Gartens spriessen.

Seid Andacht nun, den Abend zu geniessen.
Bald halten Hell und Dunkel sich die Waage.
Die Sonne ging den Strahlenfächer schliessen.
Kein Vogel flötet noch vom Sommertage.

Wer schlürft nach Westen Ströme letzten Scheines ?
Verglühn stirbt dort, das niemand wiederbringt.
Die Venus taucht zum Saume düstern Haines.

Wo fliesst das Glanzmeer hin, das niedersinkt ?
Und welcher Schenk färbt es ins Blau des Weines
Am Purpurmunde, der im Jenseits trinkt ?

VENUS IM UNTERGANG

Doch auch Verderb soll mir zur Lust gereichen.
Durchbohr mich, Göttin, öffne meine Wunden!
Wer holte dich aus blauen Leuchtbereichen
Zum Westen nieder, wo ich dich gefunden?

Den Dichter wandelst du zum Tränenreichen.
Du schwebst ins Jenseits, dem Gebet entschwunden...
Kein Irdischer kann deinen Glanz erreichen:
Dein Silberpfeil nur zuckt aus Dämmerstunden.

Erhör mich, Lust! Nie wirst du ganz Erfüllung.
Du warst mir stets die ungeborne Schöne,
Die Urgestalt... Dein Letztes bleibt Verhüllung.

Sooft ich mich nach deinem Schosse sehne,
Schmilzt du der Venus gleich im Niederblassen,
Die Arme glühend offen – im Verlassen!

VERGANG DES LEBENS

STILL lag um uns die Wiese... Zirken zirpt...
Gestirne flimmern. Nordwärts blitzt der Wagen,
Den Pol umdrehend... Unsre Augen fragen
Sich lang..., bis Mund auf Mund um Antwort wirbt.

Du zittertest, ein Vogel, der verdirbt
Im Netze ? Nein ! Wir hörten Flügel schlagen !
Zwei Seelen wurden eins, hinaufgetragen
Durch Nacht und Welt ins Glühn, das niemals stirbt !

Die Jahre sind vorbei, mein Herz. Verlernte
Der Schritt den Pfad zur Flur ? Wir sind nicht mehr...
O Liebe, ewger Glanz, o längst entfernte,
Den Spätern leuchte deine Wiederkehr !
Dein Urlicht kreist, das alle Himmel sternte,
Und giesst die Zeit ins endlos goldne Meer.

MARIÄ HIMMELFAHRT

Da die Entschlafne in der Jünger Kreise
Blau hingewelkt wie eine Blume lag,
Nahm Er der Seele Wickelkind ganz leise
Aus ihrem Herzen nach dem letzten Schlag.

Nun hörte Sie der Engelchöre Weise
Wie zur Verkündung einst, fast schüchtern zag,
Als der Gewaltige zur Auffahrtsreise
Sie hob zum Lichte in den ewgen Tag.

Auch du, Geliebte, gleichst der Unbefleckten,
Die Jugend blieb im reinen Schosse dir,
Obschon die Jahre weiss dein Goldhaar deckten.

So sei ich Knabe, du, die Mutter mir,
Das Urbild bist du, das die Augen wahrten :
Noch immer Jungfrau im verblühten Garten...

EINER TOTGEBORENEN

Du SANKST hinab zum namenlosen Reiche
Vom Schoss der Mutter in den Schoss der Nacht ;
Nun liegst du wie die Spiegelung im Teiche :
Ein Fingerzeig, der Tiefe zugedacht.

O umgestürztes Bild, mir zum Vergleiche,
Dass alles abwärts weist und spricht : vollbracht,
Entspriess dem Abgrund wieder als die bleiche
Seerose, aufgeblättert und entfacht.

Denn schwimmen mögst du nur dem Licht zum Ruhme,
Als Blütenschale auf versenkten Stengeln
Heraufgeschwebt, ein Kelch, der nichts enthält...

Als wärest du die weisse Weiherblume
Mit Stielen, die noch im Verborgnen schlängeln,
Nie ganz entbunden ihrer Unterwelt.

STAFFELAUF

DIE LIEBE ist ein Feuer, das sich frisst
Durch der Geschlechter schwere dunkle Hände,
Ein Fackellauf, wo du ein Renner bist,
Ein Sturm ins Werden ohne Ziel und Ende.

Der Träger, der sein kurzes Feld durchmisst,
Eilt auf der Strecke mit der Flammenspende ;
Doch wenn die Botschaft bei dem Nächsten ist,
Erlöschen schon im Kienspan seine Brände.

O Liebe, Tod des Einzelnen und Leben,
Du Licht der Götter, welches nie erblich,
Das wir verglühnd an andre weggegeben
Im kalten Wind, der über Lohen strich :
Du weisst die Zukunft aus dem Einst zu heben,
Dein Janushaupt ist welk und jugendlich !

GEDÄCHTNIS

Ein Denkmal schuf ich, das von dir berichtet,
Dass einst du ruhest in der Schönheit Mauern,
Denn zählen wird man mich zu den Erbauern,
Die ihrer Liebe einen Dom errichtet.

Nicht Steine sind es, die die Zeit vernichtet :
Er wuchs aus Chören, Jubelliedern, Trauern...
Ein Docht loht einsam in des Dunkels Schauern,
Wo sich der Pfeiler Wald zur Vierung lichtet.

Hier will ich zuckend und an goldnen Ketten
Dein ewig Feuer sein in edler Schale
Und meinen Brand auf deine Ampel betten ;

Und nahmst du gleich mich niemals zum Gemahle,
Ist für die Nachwelt doch herabgesunken
Auf dich die Flamme, die dich ausgetrunken.

DIE FENSTERROSE

Bloss Du bist ewig, Herr, bist Gegenwart.
Von diesen da im Dom, den Vorgefährten
In Gruft und Grab, verwischtest Du die Fährten ;
Der Steinmetz nur hat ihr Gesicht bewahrt.

Auf Marmorfliesen ruhen sie gebahrt,
Den Blick gewandt zum rötlichblau verklärten
Spätschein des Fensterrads, das Deine Gärten
Im Jenseitsglanz der Rose offenbart.

Und wissen nichts von Tag und Mond und Jahr,
Und wie der Abend in die Nacht verglüht
Und alle Zeit zerrinnt ins Anfangslose ;

Erloschnen Auges schaun sie immerdar,
Wie in die Dunkelheit die grosse Rose
Ihr Licht entblättert und doch weiterblüht...

SPÄTLESE

DER HERBST ist da, und wir sind schnittbereit.
Die Winzer hat der Herr zu Berg gerufen ;
Geerntet wird auf Hügel Stufen
Der Reben letzte, volle Süssigkeit.

Uns naht, Geliebte, jene späte Zeit.
Zertreten wird man uns in dunklen Kufen
Die lichten Tage, die uns heiss erschufen :
Geklärt nur bringt der Saft die Trunkenheit.

Der Tod ist wie ein alter, kühler Wein,
Worin wir aufbewart in tiefen Dauben,
Vermischt, vermengt zu innigstem Verein.

O Seligkeit sich nie getrennt zu glauben !
Es kelterte ein Gott die schwarzen Trauben...
Wo fing ich an, wo hörst du auf zu sein ?

AUSKLANG

> Alle Täler sollen voll werden,
> Und alle Berge erniedrigt.
> *Lucas* 3. 5

DAS Tal ist voll, der Berg ist abgetragen,
Du Losgesprochener in der Vollendung.
So war dein Werk : unendliche Verschwendung,
Um nur ein Lot des Golds vom Stein zu schlagen.

TANZENDER SCHIWA

DU MONDBEKRÖNTER mit den schlanken Weichen,
Du hoher Tänzer in den Schlangenringen,
Um Tod und Werden ewig auszugleichen,
Strahlst du dich aus in wechselndem Vollbringen.

Das Rad bist, die Glieder sind die Speichen,
Du treibst als Urkraft Nabe und Umschwingen;
Verklärt im Kranz umzuckt von Feuerzeichen,
Schaffst du Zerstörung und zugleich Entspringen.

Du wirkst der Himmel wirbelnde Umkreisung
Und auch die Läutrung auf Verbrennungsstätten;
Den Geist des Bösen stampfen deine Schritte...

Verzehr auch mich, du Herr der Unterweisung:
In Asche fallen meine tausend Ketten
Vor deinem Auge in der Stirne Mitte!

SIDDHARTA

Du hattest einst auf Leidenschaft verzichtet,
Auf Thron und Prunk, auf Liebe, eitle Macht.
Dein Herz sprach : Lust ist Hölle, aufgeschichtet
Zum Brandstoss, den sie ewig neu entfacht.

Dann – urallein – vom Baumschirm überdacht,
Sannst lang, den Blick ins dunkle Selbst gerichtet,
Und fandst Erleuchtung, schwarzen Blitz der Nacht
Im Nichtsein, das Geburt und Tod vernichtet.

Nun bist du niemand mehr, bist nirgends. Weit
Schmolz wesenlos der Götter Glanz im Leeren.
Die Himmel starben. Abkehr war dein Wille.

Entschwebt bist du jenseits der Einsamkeit,
Jenseits des Jenseits hinter Dämmermeeren,
Verblüht zu Nichts im Lotoskelch der Stille...

AN DICH

AN DICH

So kamst du damals... aus dem Abend steigend
Mit jenem Mutterlächeln, das du hast,
Dem Knaben zu, die offnen Arme neigend
Als Wonneziel für seines Jubels Hast.

Nur scheinbar sah ich's nicht, vor dir verschweigend,
Wie mir mein Innerstes zerbebte fast:
Du warst die Göttliche, das Kind mir zeigend,
Wie einst die Jungfrau des Erlösers Last.

Die Gnade, die mir jener Tag erwiesen,
Ist doch die grösste nicht, die mich erquickt,
Und muss ich wählen unter allen diesen
Beglückten Stunden, die du mir geschickt,
Die seligste, die jemals Lippen priesen,
So sei's die erste, wo ich dich erblickt!

LEBENSWANDEL
PHILOSOPHISCHE
SCHAU

121 SONETTE, 1930–1990

ERSTER TEIL

DES DICHTERS GESCHICK

OHR DER ZUKUNFT

Kennst du den Schreitenden im Morgenlicht?
Aus seiner Hand fliesst leuchtende Verschwendung,
Korn sprüht wie Gold... und in des Wurfes Spendung
Sieht er die Ernten, die die Sense bricht.

So sei du auch: erfülle deine Pflicht,
Streu aus das Wort, verwirkliche die Sendung;
Du bist der Same... reife zur Vollendung
Und schau dein Werk mit ahnendem Gesicht.

Zeit ist es nun, im Winde auszusäen
Auf Aeckern, die kein Irdischer begangen,
Denn dieses Feld wird erst die Nachwelt mähen.

Noch keiner weiss, was dir die Götter sangen,
Die Gegenwart muss taub das Lied verschmähen,
Doch wird das Ohr der Zukunft es empfangen.

SCHÖPFUNGSTRAUM

O Tanz der Stunden, ewig Aus und Ein
Entfliehnder Monde, ahnt ihr, dass ihr hättet
Euch leer verblutet gleich den welken Reihn
Der Rosenblätter, die der Wind entkettet?

Einst Wildbach, schäumend... doch zum See geglättet,
Ruh nun in Sanftmut, stillem Sonnenschein.
Mein Lager bist, worin ich mich gebettet,
Um neu des Lebens erster Schlaf zu sein.

Geschrieben steht: Das All war öde Nacht;
Und in der Gleiche schwebten die Gewichte
Der sieben Tage, die noch nicht vollbracht.

Auch ich war Dunkel vor dem Schöpfungslichte...
Weltblüte öffne dich zum Kelch entfacht!
Aus Abend ist des Morgens Glanz erwacht.

ARGONAUTEN

Vorsänger Orpheus, weh die Winde flauten !
Am Maste hing erschlafft das Segel nieder;
Gefahr verheissend schwieg die See. Es blauten
Des Unheils Tiefen aus dem Meere wider.

Sirenen weilten auf Korallenbauten :
Hochbrüstig, lockend, lüsternhaft die Lieder...
Legt in die Ruder euch, o Argonauten !
Wer dorthin lauscht, kehrt nie zur Heimat wieder.

Wohlklang verführt, und Töne sind nur Süsse
Der Leidenschaften in Getös und Brausen.
Orpheus, Erretter, greife nun zur Leier !

Wildheiten toben auf, und Stürme sausen...
Nur du bist uns Befrieder und Befreier:
Dein Singen trägt uns vor der Gottheit Füsse.

TANZ IN KETTEN

Die hehre Kunst ist uns ein Tanz in Ketten,
Und ihre Ringe sind so fest geschlossen
Und ehern so um unsern Leib gegossen,
Dass unsre Kraft sich muss in Bande betten.

Nur wessen Glieder sich vollendet glätten
Und edler Formen strenge Haft genossen,
Wird von den Schellen schmeichlerisch umflossen,
Die undehnbar ihn sonst umschlungen hätten.

Dem bloss bewegen biegsam sich die Zwingen,
Des sich gestählt durch hohe Schaffenssucht
Und der allein wird allbeherrschend singen,
Der nicht die Bürde brach mit roher Wucht:
Denn wie durch Zauber wird die Fessel springen
Dem, der die Freiheit findet in der Zucht!

FEUERSÄULE DES WORTES

Dichter, wie gleichst du dem Teide,
Hoch an des Schneees Beginnen:
Windkalt nach aussen ihr beide,
Feuer durchbeben euch innen.

Glühst du, gebunden vom Leide,
Ausdruck soll Ausweg gewinnen;
Schlacke wird Fluss und Geschmeide,
Golden vom Schmelzmund zu rinnen.

Säule des Aethers, des alten,
Himmel trug hier sein Gezelt.
Weiter des Amtes zu walten,
Ward ich zum Stützer bestellt:
Sänger, den Himmel zu halten,
Trag in dir selber die Welt.

STRENGE DES WORTES

Wotan, Erwecker, walte des Werdens,
Wahre als Wächter mit Weitsicht des Wirrsals;
Windet der Weg sich, so winkt doch der Wipfel.
Weiser im Wissen würdigt die Wahrheit;
Worfelt den Weizen: wählt Werte im Wort;
Warnet den Wager: er weigre den Wettkampf.

Welcherlei Würfel wirft die Walküre
Dem, den ihr Will geweiht dem Gewölke,
Welches Walhalla umwälzt wie Gewitter.
Wetze die Waffe! Schwing Schwert wider Schwert!
Wer hält die Waage und wandelt die Wucht,
Wendend das Wogen der wallenden Walstatt,
Wer weiss warum einst sein Wesen geworden?

Wessen der Webstuhl, dessen das Walken.
Wahn der Gewerke: ihr Wuchs ist Verschwendung;
Wechselnde Ware, sie wandert wie Wind.

Wasser wirkt Wunder: nach Wüste schwillt Wildnis!
Würgende Wurzeln, sie wuchern in Wäldern.
Winter erwacht dann nach Wochen der Wonne;
Wolken verschwanden! Wo war ihre Wiege?
Wotan, entwichest. Bist weltfern verweht...

ZWIETANZ

Tänzer, ihr Göttliche, Zeuger und Meister der Haltung,
Ranke und schlanke entfliehet der Schwerlast der Erde!
Nicht solltet ihr Mass sein, bloss Anlauf, Strenge, Verhaltung
Spannender Strebkraft, sich fesselnd zu Sprung und Gebärde!

Willensgestraffte, euch bäume die Lust nach Entfaltung!
Mannhaft erhebt Er Sie leicht, wie entlöst der Beschwerde;
Beide lebendiges Licht, bald Gestalt, bald Entstaltung:
Urpaar von Anfang durcheilend das ewige Werde...

Seid ja der Gleichschwung, erobernd die helleren Stufen
Zeitloser Jugend, die leuchtet in frühester Reine,
Zweibild, das aufstrahlt, geläutert ins Höchste berufen.

Wandelt euch nunmehr, o Schönheitverklärte, ins Eine.
Schreibet Bewegung: sie bleibe als fliessende Zeilen,
Tretend vergänglichen Schritt in die Schritte, die weilen.

SCHLAFLOS

Wie doch die Zeit so langsam mir verstrich,
Als tröffe Regen in des Daches Rinne;
Dem Dunkel prägtest du dein Antlitz inne,
Wie auf das Nichts gezeichnet, Strich um Strich.

Was schwebst du vor mir unabänderlich
Mit deinem Blicke, dem ich nicht entrinne?
Bin ich die Beute in dem Netz der Spinne?
Nun sage mir, warum verfolgst du mich?

Vor meiner Seele ruhst du wie die Sphinx,
Und ich muss warten, harrend deines Winks,
Du schliesst mich ein ins Bannfeld eines Rings;

Bis ich erstarrt mich wie in Schlangen bette
In deine Schmalheit, dein Muskelglätte...
Und noch fliesst nirgends deine Ringelkette

ALTER ÖLHAIN

Des Fliesses Rinnsal murmelt im Gespüle...
Gewitter dräun. Einschlug des Blitzes Keule.
Bön wehn des Ölbaums Laub zum Windgewühle;
Durch Hohlstamm jault der Sturm sein Wolfsgeheule.

Olivenhain, nun tragend Dach der Kühle,
Gebälk des Tempels, wachsendes Gesäule,
Jetzt Schäferschlummer in der nassen Schwüle:
Gebier dich weiter aus der Wurzeln Fäule.

Gleichst ja dem alten Dichter, fast zerspellt,
Verwittert ganz von Lichtstrahl – Donnerhieben,
Geschwärzt, gemulmt und aufrecht doch geblieben,
Als Karggezweige in die Nacht geschrieben,
Mit einem Astwerk, das die Sterne hält,
Und drallen Sprossen – voll von neuen Trieben.

ERBLINDET

Mein Lieb, noch jung wurd ich dir dein Gefährte,
Dich schauend in der Anmut ersten Blüte,
Dein Antlitz spiegelnd, das sich schön entfrühte;
Und weiblich war's, weil Frucht dein Schoss schon nährte.

Vorbei schwand mir des Daseins halbe Fährte:
Im Scheitelpunkt des Blaus die Sonne glühte...
Doch Sehkraft blasste, dunkelnd mein Gemüte;
Und dann kam Dämmrung, die mein Herz beschwerte.

Wo seid ihr, meine Augen? Stets nach innen
Kehrt sich der Blick, der Seele Grund zu tasten:
Blumlos die Welt... Nur graue Nebel lasten.

Gepriesen seist! Nie wird dein Bild zerrinnen!
Fort leb die Wohlgestalt, die dir zu Eigen.
Leg hin die Harfe, Dichter, lausch dem Schweigen.

SCHLAF

O Schlaf, du letzter Freund für den, der litt,
Endlicher Balsam dem, der lange wacht,
Du nahst mir leis mit nie gehörtem Tritt,
Wie ihrem Kind die Mutter in der Nacht.

Im Mantel führst du deine Labsal mit,
Und des Vergessens Trunk hast du gebracht;
Heil, dem die Fackel aus den Händen glitt,
Noch glücklicher, -wenn nie sie je entfacht!

Du bist die Milch, entflossen dunkler Brust,
Der süsse Bronnen, der verborgen lag;
Du Tod und Werden und tiefer Quell...
Das Jenseits aller Qual und aller Lust,
Die Stunde vor dem ersten Lerschenschlag,
Das Zwielicht schwankend zwischen Schwarz und Hell.

SELIG DER BLINDE

Selig der Schlichte, der Himmel ist sein.
Selig die Sanften, ihr Lohn ist die Welt.
Selig wer trauert, Gott geht in ihn ein.
Selig der Blinde, den Jesus erhellt.

O Herr, schenk Schatten, sei schützendes Zelt.
Sei mir die Labsal, gib mir Speis und Wein.
Kurz ist das Leben, dass ein Faden hält.
Komm ich zur Dir, so bin ich ewig Dein.

Durst, Hunger, beide sind für mich nur Qual.
Wie David war ich einst im Tränental.
O Herr, bin nichts, bin nur der Staub des Wegs.
Bin Pilger bloss, der immer unterwegs.

Am Jüngsten Tag hebst Du mich aus dem Nichts.
Nur Glanz seh ich im Feuer des Gerichts.

ZWEITER TEIL

EROS

HULD DES KRISCHNA IN VIER GESÄNGEN

I   VIELFÄLTIGE RADHA

II   VIELFÄLITGER KRISCHNA

III   KRISCHNA UND RADHA IM TANZ

IV   KRISCHNA DER ERLÖSER

I. VIELFÄLTIGE RADHA

Halbmond der Herbstnacht, Verklärung in hohem Glanze.
Seid ihm wie Hauch des Jasmins, entkörpert zu Feinheit.
Streifet die Schwere jetzt ab: Urwesen ist Reinheit.
Nebelhaft wirbelt ins Licht, euch bildend zum Kranze.

Kettig gereiht, nun gleitet beschwungen im Tanze!
Schwebt, die fünf Sinne verzückt, in das jenseits der Einheit.
Wo zogt ihr hin, euch lösend in göttlicher Keinheit?
Jeder besitze ihn voll! Und der Teil sei das Ganze.

Eifersucht schwindet, denn alle sind Radha dem Schönen!
Opferbereit für den Mund des Geliebten, für Bisse:
Willig erdulden sie Qual: Verlangen sucht Härten.

Hingeben heisst dies… und Leiden nur kann sie bekrönen!
Dorn sei die Hand, die sie fasst, und Schmerz das Gewisse.
Rot blühn die Spuren der Wunden gleich Rosen in Gärten.

II. VIELFÄLITGER KRISCHNA

O Tanzgott Krischna, Mädchen hast am Bandel!
Vereinst und trennst sie in dem lichten Reigen...
Vielfacher Partner: vor – und rückwärtsneigen
Sich die Gestalten in der Runde Wandel.

Schwarzfarbe schminkt die Wimpern. Öl aus Sandel
Beglättet schlanke Leiber, die dir eigen.
Sollst dich als Mittelpunkt und Umschwung zeigen.
Schlitzförmig öffne nun der Augen Mandel.

Dass nur sie Dich sehn: du bloss bist in ihnen!
Ihr Kreis, drehendes Rad... du bist die Nabe,
Du ewger Jüngling, du, o holder Knabe.

Jedwede glaube, ihr seist ganz erschienen!
Alleinziger, Befreier aller Schmerzen,
Der Liebe roter Kelch strahlt in den Herzen.

III KRISCHNA UND RADHA IM TANZ

Du blauer Gott, Enthüller freier Minne!
Oh, Radha liebt dich, tief von dir durchdrungen;
Bist Nacht, sie Tag, geweiht in eins umschlungen:
Durchdringst sie alle: jede wähnt dich inne.

Der wilden Blumen Blustgewind' verspinne
Das Paar, ins eine Lied vom Wald umsungen...
O Dschungellager grüner Dämmerungen!
O Kuss, gesenkt auf weichen Schosses Rinne!

Geniess die Wonnige, dich auf sie bettend!
Denn deiner Augen Glanz wird ihr Berater.
Dich schau die Fromme, dass sie schöner sei.

Nimm menschliche Gestalt, die Erde rettend.
Du keiner Mutter Sohn, du ohne Vater,
Bist Ursprung dieses Weltalls, Brahmas Ei.

IV KRISCHNA DER ERLÖSER

Goldhaube krönt den Gott, umstrahlt von Ringen,
Den Zierschmuck und Gehänge nur bekleiden.
Sein bläulich schwarzer Leib verklärt die Heiden
Lau ist die Flur in Summ– und Bienensingen.

Wo bist du, Krischna? Bloss der Winde Schwingen
Trägt deiner Flöte Spielen ob den Weiden...
Stets komme Radha nackt in den Geschmeiden:
Lausch ihrem Tänzelschritt, wo Spangen klingen.

Zusammen tauchet, uferlos ist Liebe,
In jenen Strom, der alles überschwillt:
Selbst Raum und Zeit führt euch nur als Geschiebe
Am Grund des Seins, woraus der Urborn quillt.

Weltrad des Werdens drehe: das Getriebe
Stürm ewig fort, da nichts sein Brausen stillt.

GOTTHEIT DES LINGAMS

Erkorne, knie, den Lichtesten der Lichten
Als Zeugungsglied mit deinem Mund zu ehren,
Lust lehrt dich leidend, ganz Ihn zu begehren:
Aufragt der Gott, dir den Altar zu richten.

O Zärtliche, den Weihdienst zu verrichten,
Sei schrankenlos! Sein Trunk wird dich ernähren...
O Liebesspiel, o Nehmen, o Gewähren!
O Durst, o Gier: wer kann euch je beschwichten?

Fast demutsvoll hast du Ihn aufgenommen
Mit schönen Lippen und mit glühnden Wangen;
Die Zunge fühlt sein Nahen und sein Kommen.

Werd Geistigkeit, Erkenntnis und Empfangen;
Und ahne, dass dies Leben nur ein Schein,
Ein Weiterflug nach einem höhren Sein.

EMPFÄNGNIS

> Schaue gen Himmel und zähle die Sterne, wenn
> du kannst. So sollen deine Nachkommen sein.
> *Moses I 15.5*

Ergib dich im Besitzer dem Verlanger,
Empfang mich nicht mit mädchenscheuer Zucht,
Wirf dich in Wellen auf, vom Gotte schwanger,
Weit über dich hinaus in Schaffenssucht,
Dass deines Schosses tief gepflügter Anger
Zum Acker werde der verheissnen Frucht
Und dich mein Same fülle nach so langer
Schmerzlicher Dürre und der Jahre Flucht.

Ein Völkermeer ist in mir aufgestiegen,
Die Ungebornen sind in uns erwacht,
Nie soll in Wüsten dieser Strom versiegen...
Sieh auf zum Himmel, der uns überdacht:
Schon keimt das Korn, in welchen Saaten liegen
Unzählbar wie die Sterne in der Nacht.

LIEBESSPIEL

Sein tiefes Rot wird deine Wangen tönen,
Wenn ich dir letzte Zärtlichkeit bekunde,
Als Huldigung gebettet an der Schönen
Vom dunklern Mund hinauf zum Lächelmunde.

Dies Küssespiel soll mein Verlangen krönen:
Weih mich den Wonnen an verborgnem Grunde;
An deinen Wohlruch musst du mich gewöhnen,
Du bist der Duftstrauss der erblühten Stunde.

Ach, lass dich kosen von der Kniee Bug
Bis in die Schenkel, wo der Schmeichlung Kette
Du Reifstes gibst auf sanftrer Lippen Glätte.

Gewähr dich so: auch du hast nie genug,
Wenn dir mein Mund an tauiglicher Stätte
Enttrinkt die bittre Süsse, Zug um Zug.

CYTHERAS PILGER

Eiland der Liebe voller Heimlichkeiten,
Goldboot, bereit zur Schiffahrt nach Cytheren,
Prunknachen, Gondelbett sich zu gewähren...
Gewölk schwebt inselhaft auf Meeresbreiten.

In Seidenkleidern sieht man Paare schreiten.
Und wer sucht wen, schon lauschend dem Begehren
Ach, niemand kann der Wollust sich erwehren:
Eros beherrscht sie, alle zu verleiten.

Wo war's und wann? In flatterhaftem Putze,
Mit tiefem Ausschnitt, frei den Reiz zu zeigen,
Nahn sie geschminkt, die Anmut hinzugeben.

So hascht nach Freude, los von jedem Schutze!
Die Schöne sei dem Freier frech zu eigen
Im Farbenfestzug durch das kurze Leben.

CASANOVA

Nur Fastnacht war dein Leben, Gier, Vergnügen
Und Unrast, Irrfahrt, Flucht, nie Aufenthalt...
Bedacht warst du die andern zu belügen!
Oft warfst den Anker. Nirgends fand er Halt.

Umgarntest Frauen, die umsonst sich fügen.
Warbst nach Besitz, umfingst bloss die Gestalt.
Vorspiegler, selbst sich täuschend im Betrügen;
Und loht dein Brand, wirst bald wie Asche kalt.

Venedig, leerer Prunksaal, Geisterstadt,
Gebar dein Wesen, weil sie nichts mehr hat:
Schon frassen Nebel was einst Glanz berührte.

O du Verführer, welcher nichts verführte!
Nie trat die Einzige aus all den Vielen...
Liebschaften streiftest, Masken, die zerfielen.

BASILISK

Der Schleppe Purpur ziehst du durch den Kot
Und wanderst durch das Volk im Dirnenflitter
Als Pest und Sünde, als der dürre Schnitter,
Der immer mähte, was die Strasse bot.

Dein Kuss ist Fluch, dein Hauch ist branddurchloht,
Selbst deine Worte sind wie Galle bitter,
Und gleich dem Fabeltier bist du ein Zwitter
Von Hahn und Schlange und Glanz und Tod.

Und wie ein Glutstrom strahlst du das Verderben
Aus deinen Augen, denn du bist der Strick,
In den du jene lockst, die du geblendet;

Doch musst du selber vor dem Bösen sterben,
Zeigt sich im Spiegel dir der eigne Blick
Als Pfeil und Gift in dich zurückgesendet.

DIE HOFFÄRTIGE

Verlockerin, du leere Lorelei,
Du, die der Schönheit Macht zur Schau getragen,
Geschäker warst in deinen jungen Tagen,
Gefallsucht bloss und hohle Ziererei.

Zogst an die Männer nur aus Tändelei;
Willst Werbung zwar, Anträge abzuschlagen,
Und schienst bedacht, stets jedem ja zu sagen:
Nun wurdest alt... Die Mache ist vorbei.

Lust war dein Leben; hobst die volle Schale,
Sie nicht zu reichen, und sie rann dir über.
Der Kelch zerbrach, der deiner Hand entsunken.

Verlassen sitze jetzt in weitem Saale...
Die Gäste kamen, gingen dir vorüber.
Zertritt das Glas woran kein Mund getrunken.

BEHARRUNG

Wenn nie der Tag, naht der zur Liebe lädt,
Wo wir aus uns verborgne Freuden holen,
Bis sich der Leib, vom Scheitel zu den Sohlen
In Lust erlöst, mit Schauern übersät:
So heisser Liebe Knecht sein, der verschmäht
Dir dennoch dient, obgleich du nichts befohlen,
Ein Bettler erst, der sich umsonst empfohlen,
Ein Blinder endlich, der ins Leere späht.

Verstosse mich, ich bleibe dir geboren!
Entkette mich, ich sterbe doch in Banden!
Denn dieses sei des Harrens grösster Ruhm,
Dass ich mich liegen liess, mir selbst verloren;
Sieh, deine Füsse traten mich zuschanden...
Auch was du nicht nahmst, war dein Eigentum.

HOLOFERN

> *„Ihr Antlitz verführte ihn...*
> *Doch er besass sie nicht."*
> Judith 13. 16.

Auf ihre Keuschheit hatte sie verzichtet,
Wie sie, allein von ihrer Magd begleitet,
Dem dunklen Engel gleich durchs Lager schreitet,
Den Blick der Nacht aufs hohe Zelt gerichtet.

Sie trat vor ihn. Und er hat bloss gesichtet
Ein Weib, gesalbt zur Lüsternheit bereitet.
Er ahnt sie nackt im Kleid, das niedergleitet...
Die Lust bringt sie, die Lust die ihn vernichtet.

O Herrin – du – das Fest im Rausch getrunken!
Dein Sklave bin ich, der ins Knie gesunken
Vor Lippen, nicht mehr dem Verlang verboten
Als innre Blüte, kelchhaft, dargeboten.

Weinschwer, schon träumend, stürz ich ins Verderben...
Enthaupte mich! Geopfert soll ich sterben.

DRITTER TEIL

LIEBE, KLAGE, RACHE, KLÄRUNG

DIE UMSCHWÄRMUNG

Sag, was sie anlockt, dass sie sich verwirren
Die vielen Immen, die dein Haupt umtummeln
Mit gelben Wespen, pelzig braunen Hummeln,
Wenn sie zu dir aus ihren Kelchen schwirren.

Ist es dein Blondhaar, drum sie kreisend sirren,
Als wär's die Sonnenblume, dran sie bummeln,
Die goldumstrahlte, die sie süss umsummeln,
Um wirblicht drauf zu flimmern und zu flirren?

Sind's deiner Augen wasserblaue Sterne?
Ist's nur dein Duft im Wohlruch des Geländs?
Will dieser Schwarm an deinem Munde nippen?

Sein Schmelz winkt brennend durch der Wiesen Ferne,
Nie flammte leuchtender der Mohn im Lenz!
Sag, ist's das Rot an deinen Rosenlippen?

GEGENWART

O lichte Lust der Liebe uns verliehen
Im Lebenslenz, von Göttern dargebracht
Als klare Stunden, die vorüberziehen:
Nie dämmern sie, nie trübe sie Verdacht.

Wer möchte nicht vor Schönheit niederknieen
Im Vollgenusse, wenn ihm naht die Nacht.
Heiss ist der Aufbrand mit des Tages Fliehen...
Nicht Asche deckt die Glut, die hell entfacht.

Such nicht im andern sein vergangnes Gestern!
Die Liebe kennt kein Einst, sie kennt kein Morgen;
Und Gegenwart hat Ewiges erwirkt.

Hingabe seid, euch immer zu verschwestern!
Die letzte Freude bleibt euch nicht verborgen:
Still ruht der Pol, von Sternenwelt umzirkt.

UMARMUNG

Jungfrau und Jüngling froh geschmückt belauben
Zum Tanz sich in des Morgens Lenzgeblitze:
Hell türmt Gewölk sich auf zum Berg und Sitze
Der lichten Götter, Wollust zu erlauben.

Umwerbt, umschlinget euch! Nicht sollt ihr Glauben
In wilder Sucht bloss an des Leibs Besitze.
Fluch treff! Den Schmäher, der in blinder Hitze
Nur Unzucht sieht, die freie Lust zu rauben!

Schmelzt ineinander wie zwei lohe Kerzen
Ihr tief Umarmte lächelnd zugekehrt
Mit Gliedern, die sich ineinander klammen.

Unendlich glühe Wonnesucht im Herzen,
Urbrennend Feuer, das sich nie verzehrt,
Im Dienst am andern schüre sie die Flammen.

MONDGÖTTIN UND HIRTE

Göttin, dein ist nicht die Myrte.
Venus war sie einst zu eigen.
Schaust vom Himmel und ein Hirte
Schlief vor dir im ruhnden Schweigen.

Schön sind seine holden Glieder,
Schönre kannst du nicht umfassen!
Deine Sehnsucht ziehn sie nieder;
Silberstrahl will sie nicht lassen.

Schläfer meiden dein Betrachten.
Weckst sie auf aus tiefen Stillen...
Nicht behagst du den Erwachten,
Schlummern nicht nach deinem Willen.

Ach, der junge Hirt ist sterblich,
Seine Tage haben Grenzen.
Götter nur sind unverderblich.
Bald bloss Staub wirst du beglänzen.

Fleh zu Zeus, es möge immer
Was du hälst, dir stets gehören,
Ewig sei es wie dein Schimmer:
Liebesspiel wird keinen stören.

Alles ist ein Rausch der Sinne,
Bald erreicht und bald genossen.
Flucht und Täuschung schickt die Minne:
Sie empfängt und bleibt verschlossen.

Niemals ist nur Lust gewesen.
Welten werden, gehen zu Grunde.
Wer den Becher auserlesen,
Trinkt an ihm, bringt nichts zu Munde.

MEER UND LAND

Dem Felsen gleich, der Meeres Ansturm bricht,
War ich, Geliebte, und du warst wie Wogen,
Die wie im Rausche auf mir niederzogen,
Bis sank der Flut zerbrechendes Gewicht.

Kommst du mir wieder, wallend an mir dicht,
Wie wenn zusammen wir der Wollust pflogen?
In welchen Abgrund hast du mich gesogen?
Die Brandung warst du, die sich mir verflicht!

Doch schon ebbt rückwärts deiner Wellen Schwere,
Du lässt mich liegen wie der weite Strand...
Siehst du denn nicht, dass ich der See entbehre?
O woge auf, dich schüttend auf das Land!
Von deiner Last träumt mir, die wiederkehre,
Und von der Flut zerrinnendem Gewand.

MEER IM VOLLMONDE

Ich möchte mich gleich einer Welle bäumen,
Die brandend birst in tausend Silbererzen,
Und mich zerbrechen über deinem Herzen,
Und schimmernd dir den Rand der Füsse schäumen.

Lausch durch die Nacht dem Meer, das wir nicht zäumen.
Im Vollmond rauscht's und wälzt sich wie in Schmerzen,
Bis Wogen sich aus seines Schosses Schwärzen
Heraufgebären und zusammenschäumen.

Wie Gischt, der stürzt in zischend weissen Spitzen
Und wie die Springflut bin ich, die am Land
Sich peitscht und aufschiesst, es zu überspritzen,
Bis sie sich ausgeworfen auf dem Strand,
Wo sie versiegt in lächelndem Verblitzen...
Ich bin die Welle. Trink, du bist der Sand.

DER VORWURF

Ich warf dir vor mein Leid in einem Briefe
Und sagte dir, dass deiner ich genesen,
Und dass ich mir ein ander Los erlesen,
Damit mein Mund nicht fürder Klagen riefe.

Doch wie ich's vorgab, war mir, es entschliefe
Die Bitternis und wäre nie gewesen,
Und als ich dann mich selber durchgelesen,
Kamst lächelnd du aus meiner Seele Tiefe.

Und rauntest: Freund, im Lebensbuche gleiten
Die Federzüge, wie wir selbst sie schieben;
Wir stehen erst am Anfang unsrer Zeiten.

Und was du eintrugst, da wir uns entzweiten,
Ward nicht als Endspruch vom Geschick geschrieben...
So dreh das Blatt. Wir sind die weissen Seiten.

DIE SPRÖDE NYMPHE

Gefielst dem Grossen Pan; und doch sagst: Nein!
O Nymphe, deine Weiblichkeit verkanntest;
Urtrieb verschmähtest töricht, scheu entranntest
Dem Gott: verlorst dein Wesen und das Sein.

Bist nirgends nun... verschwandest ins Allein.
All schrillt nur All, und All zurücke sandtest;
Felswand rief zwar, doch Widerschall bloss kanntest.
Kein Mund klagt hier: nichts drang mehr in dich ein.

Blitzkeil zuckt nieder, rings erdröhnt Gegrell!
Hörst nichts, o Spröde, hast kein Trommelfell.
Verstummend eilst und weilst an keinem Ort,
Abwesend immer, schweigend weit und breit,
Bist taub und wohnst in leerer Einsamkeit:
Vergegenwärtigt... hallst – ein haltlos Wort.

DER LEUKASSPRUNG

> *„Immer blieb ich Jungfrau"*: Sappho

Wirf weg mein Leben! Dir soll ich gehören,
Dir Aphroditen, dir – einst maidlich bloss;
Mich durch den Leukassprung im Meer zerstören,
Jungfräulich rein, die Augen nächtlich gross;

Zugrundesinkend, lauschend dem Empören
Der Flut, die aufschwillt aus der Tiefe Schoss...
O weisses Kliff, nicht Liebe zu erhören,
Sei Sturz ich ... in der Brandung Schaumgetos!

Wen blendest, Göttin, auf der Muschel stehend,
Die Perle im Geschlecht! O Urgestalt
Des lichten Mädchenleibs – noch ungenossen!

Früh sterben – makellos – auf Knieen flehend
Umschlingen deiner Hüften Allgewalt:
Niemals berührt und in der See verschlossen!

BITTERNIS

Wie oft sprach ich in meines Herzens Grunde
Mit dir und wähnte, dass du mich erhört,
Und heimlich floss die unheilbare Wunde
Der Liebe, die mich blendet und betört.

Auch du lagst schlummerlos zur selben Stunde,
Im Innersten, im tiefsten Stolz empört,
Und hauchst dein Leid dem unsichtbaren Munde,
Bis sich dies Trugbild mit dem Tag zerstört.

Wie gleichst du mir: wir beide kennen ihn,
Den Schmerz, verschmäht zu sein und ausgespien:
Werden wir nie an uns den Honig nippen?

Was hast du mir die bittre Schmach bereitet!
Ich war die Schale, süss dir ausgebreitet...
Und war des Odiums Kelch vor deinen Lippen!

DER WEG ZURÜCK

Wie schön gingst einst! Ein blumiges Gewinde
Floss kettenhaft dir übers volle Mieder;
Schneeglöckchen, Primeln, Feigwurz hingen nieder...
Wo bist, mein Lieb? Bist Staub verweht im Winde.

Lenz wand dir Flor zu Kranz und Angebinde...
Wie zierlich war der lichte Tanz der Glieder!
Spur deiner Schritte, findet man sie wieder?
Der Pfad verlor sich, führte nur ins Blinde.

Die Zeit flieht endlos; endlos flieht der Raum
Dem Hochwald gleich: bewegt und unbewegt.
Die Wesen werden, tauchen auf als Traum.

Was wir erhofften, was das Herz gehegt,
Die Frucht, um die sich unsre Hand gelegt
Sie war des Todes Frucht am Lebensbaum.

VERWEHT

Als einst wir nahten jener grünen Senke
Des Palmenhains, die Quelle zu gewahren,
Floss aus dem Ziehschacht Wasser in die Tränke
Zu kühler Labsal längst in jungen Jahren.

Doch wenn ich heute dieses Borns gedenke,
Des Durstes in bestandenen Gefahren,
Wo ich beseligt dich zum Leben lenke,
Wo ragt der Brunnenrand, vor dem wir waren?

Wir beugten uns darüber... Gleich dem Fächeln
Des leichten Winds sahn wir im Grund uns lächeln,
Und unser Antlitz schwankte in der Tiefe.

Ein Sandsturm kam, der unser Bild verwischte.
Wer küsst den Mund, der sich am Mund erfrischte?
Wer ruft, als ob ein Widerhall hier riefe?

DAS VERLORENE LIED

Nur immer du! Wohin den Schritt ich wende,
Ist's mir, ich sähe dich im Lenze blühn:
Es tanzten deine Augen im Gelände
Und dein Blick leuchtete im Immergrün!

Und du bist abends jene Feuerbrände,
Die warm noch durch den gelben Himmel sprühn,
Und nachts des Brunnens Rauschen ohne Ende,
Und tags die Vögel, balzend in den Frühn!

Und wieder wandre ich dir sehnend nach,
Wie man ein Lied verfolgt aus lichten Jahren,
Das trillernd einst aus jungem Walde brach...

O Widerhall, der aus der Stille sprach,
O Flötenstimmen, die verloren waren,
Und Ruf des Frühlings aus dem Unsichtbaren!

VERGÄNGLICHKEIT

O Traum des Lebens, sei des Trugs geziehn!
Wo sind nun Tristan und Isolde heute?
Doch sag, wo ist die Zeit, die nie erneute,
Wo uns die Liebe noch unendlich schien?

O Sommers Rosen, längst für uns gediehn!
O Abschiedstag, den unser Herz bereute!
O junge Morgen, wenn's im Osten bläute,
Und aus dem Schlafe uns der Hahn geschrien!

Und Abgrund! Abgrund! dämmerndes Geläute
Versunkner Jahre, die vorüberziehn...
Wo ist das Mädchen, das den Jüngling scheute,
Wo ist der Mann, dem sich das Weib verliehn?
Wo bläst der Lenzsturm, der die Blüten streute?
Wo weht der Wind, mit dem die Blätter fliehn?

VERDAMMNIS

Als ein Verdammter in der tiefsten Not,
Der seines Gottes denkt im Ungewissen,
Und schlaflos ruht auf seines Zweifels Kissen,
Wog ich mir selbst die Bürde Lot um Lot.

Der eigne Wille, der gewollte Tod
Versenkten mich in grausen Finsternissen,
Und mich zerfleischend habe ich zerrissen
Das Herz, das frei sich seinen Schmerzen bot.

Ach, welche Bitternis: in sich betrachten
Der Gottheit Urquell und sie lechzend hassen,
Und mit Verworfenen im Durste schmachten
Vor ihrer Schale und sie nie erfassen,
Und vor dem Kelch, dem ewig dargebrachten,
Nur Galle trinken und ihn doch nicht lassen!

VERWÜNSCHUNG

Fern von des Kurses sicherem Geleise
Lenk dich ein falscher Lotse auf die Klippen!
Des Meeres Abgrund öffne sich der Reise,
Dein Wrack zerschelle mit geborstnen Rippen!

Auf ödem Eiland suche deine Speise
Und trink am Salzquell mit des Fiebers Lippen!
Und irre endlos längs des Strandes Kreise,
Auf dessen Sand stets wilde Wogen kippen!

Und sei vergessen, einsam Jahr für Jahr,
Bis die Gebeine hier im Kiese bleichen,
So wie ich einsam und verlassen war...

Nur Wandervögel kommen und verstreichen,
Und in den Nächten, in den tränenreichen,
Fliesst trostlos Regen lang und unsichtbar.

RACHE

Wirf Steine, Steine, Steine auf den Grund,
Bis dieser Brunnen voll ist bis zum Rande;
Und irre toll herum in dürrem Lande
Und reibe dich an Wüstentascheln wund!

Und atme, atme Feuer durch den Mund!
Trink Wasserspiegelung im heissen Sande!
Ein Glutwind brenne dich durch die Gewande!
Die Sonne urteilt: Welt ist Flammenschlund.

Nie wieder soll sich eine Brücke bauen
Von deinem Durste bis zu meinen Tränen;
Nie werden mehr wir uns ins Auge schauen
Wie einst in unsrer Liebe frühem Wähnen.

Mein Hass sei Rache, wo du dich verdirbst!
Ich kann dir erst verzeihen, wenn du stirbst.

JUDAS ISCHARIOTH

Nur scheinbar wohn ich nachts dir bei: ich sehne
Mich nach der Andern Bild, das aufgegangen,
Und in des Gatten Maske such ich jene...
Nicht deinem Schosse lieg ich warm verfangen.

O Doppelspiel! Du hängst mit jeder Sehne
An meinem Leib, bist schmerzliches Verlangen,
Und Lust an ihr ist's, die ich dir entlehne:
Der Fremden gilt, was du so glühnd empfangen.

Als wärst du sie, will ich zu dir mich neigen!
Betör die Sinne, die mich dir entrücken,
Betäube mich, und sei mein trunknes Grab!

Doch sah ich Fackeln durch den Oelberg steigen,
Wie ich genaht, der Wange aufzudrücken
Den Kuss, den Judas einst dem Meister gab.

KLAGE

Wie kann ich dich vergessen? Eh es tagt
Und sich die Welt im Amselschlag erneute,
Hört ich den Vogel in des Parkes Reute,
Der im Gefällten Fliederbusche klagt.

Was will der Zwielaut, der dem Ohr behagt?
Wo ist der Pfeifer, der die Töne streute?
Wo ist das Schweigen, dass es mir erdeute
Den Zwitscherruf, der nach dem Morgen fragt?

Ach, ich bin selbst des Gartens Zirpeflöte,
Und du bist Lauschen und wirst nichts erwidern;
Bald flaut der Triller, der sich überhöhte,
Bald steigt er auf in Strahlen und in Liedern;
Doch niemals kamst du wie die Morgenröte,
Mir den Gesang zum goldnen Pfeil zu fiedern!

ABÄLARD UND HELOISE

O Liebesmäre, Schmerz, den Sagen priesen!
O Klageruf, der einst zwei Herzen rührte,
Und Brand der Minne, die nur Qualen schürte!
O Abschied! Verlangen! Verbannt! Verwiesen!

In jungem Sommer laue Winde bliesen...
Noch nicht erschlossen warst, o Unberührte,
Bis die Versuchung euch zusammenführte
Als Wollustpaar, dem Dornicht zugewiesen.

Gleich Schicksalsfäden wurdet eng versponnen
Und saht der Sterne Licht, im Tod gewonnen:
Starbt beide, er als Mönch, sie unter Nonnen.

Quill, Prüfung, nie erschöpfter Gnadenbronnen,
Labtrunk im Jenseits, wo die Welt zerronnen,
Der Nacht entblühnd in unzählbaren Sonnen.

DAS GRÜNE NADELKISSEN

Geliebte, wenn du nähst, bin ich das Kind
Und du die Mutter, die so vieles kann...
Doch schau dein samtnes Nadelpolster an!
Siehst du denn nicht, dass hier nur Blumen sind?

Glasperlen blühn, als neigte sie der Wind,
Du pflücktest welche, wie dein Werk begann,
Und stachst sie wieder, da die Zeit verrann,
Zu Sträussen auf in lockerem Gebind.

Oh, eine Zwergflur ist dein Nadelkissen!
Aus seinem Grunde spriesst's in bunten Knöpfen,
Die deine Hände unbewusst betreuen...
Achtlos gewürfelt und doch klar umrissen,
Gleich gelben, blauen, roten Beerenköpfen,
Die du gesteckt, dies Farbenspiel zu streuen.

DIE MUTTERGÖTTIN

Der Neumondschläfer, den du warm behalten,
In deinem zarten Schosse ihn zu hegen,
Am Brunnen deines Bluts hat er gelegen:
Er trank an ihm, sein Wesen zu gestalten.

Den hellen Niederschwall der Gnadenregen
Verliehn dir des Gewandes weite Falten,
Die licht und duftig deinen Leib umwallten;
Dein Schritt war Wiege und dein Gang war Segen.

Wie schön erscheinst uns im umflorten Schein
Als Lächelnde, ergeben ihrem Los
Den Rosenkranz des Lebens fortzubeten.

Der Schlange Haupt hast ja im Staub zertreten:
Die Muttergöttin bist nun ewig gross!
Und deines Reiches wird kein Ende sein.

ROSENKRANZ

Schneeglöckchen spriessen durch des Winters Decke
Als eines jungen Jahres frühes Zeichen.
Und Vögelmännchen baun in Busch und Hecke
Das Nestgeflecht, das Flaum und Moos erweichen.

Hell schwebt der Schäfchenwolken Lichtgeflecke...
Windröschen pflückst du in den Waldbereichen,
Noch nicht beschattet durch ein Laubgedecke,
Scheinst glanzumflossen, wunschnah zu erreichen.

Monate fliehn... Graslilie blüht am Pfade:
Die Ernte birgt die Saat des Anfangslosen...
Sei mir die Muttergottes und die Gnade.

Schau, die Gebetschnur schmückt ein Kranz von Rosen.
Den Knaben gabst mir, unsern Neubeginn.
Ich sah in dir die Himmelskönigin.

KLÄRUNG

Dein Letztes weinst du, weil dein Herz entblösst
Von Liebe schien und Schluchzen nur und Wimmern,
Bis tränenblind dir deine Augen flimmern,
Doch sagst du nicht, was so dich niederstösst.

Da habe Helle ich dir eingeflösst,
Die Wimpern küssend, wo die Tränen glimmern;
Nun siehst du neu mich wie durch Trübnis schimmern,
So lächle mir, wie sich der Nebel löst.

Schon sind die Augen dir wie stille Weiher
In einer Welt nach Regen der versiegt,
In goldnem Dunst zerfliessen ihre Schleier.

Und wie mein Bild in deinen Blicken siegt,
Bin ich die Sonne, die jetzt frei und freier
In dich gespiegelt klar im Grunde liegt.

BEGEGNUNG

Ein Nervenschauer traf uns - dich und mich:
Ein Netz war es, worin wir eingefangen.
Vorbei an uns zwar sind wir weggegangen,
Ein Lächeln bloss blieb uns erinnerlich.

Wann hielt uns Liebe fest? War sie der Stich,
Den unsre Augen einst wie Blitz empfangen?
Wie spross der Efeu, der am Baum gehangen?
Verwachsen eng, wie damals du und ich!

Verheissung warst mir noch, nicht leere Spur
Verwischter Tage... und ein Windhauch nur
Verwelkten Frühlings auf verblühter Flur.

O lichte schmale Hand, zum Mund geführte,
O Fingerspitzen, lippensanft berührte,
Und Vorspiel - all dies, das zwei Herzen rührte.

MÄDCHEN IM FLOR

1988: Zu unserem achtzigsten Geburtstage

Beim Kirschbaum war es unter Blütenregnen.
Lichtnelken hattest dir ins Haar gewunden.
Einfühlung, Güte hegtest; schlugst nie Wunden...
Der Himmel wollte unser Bündnis segnen.

Uns schwante es, wir hätten jene Stunden
Bereits erlebt in früherem Begegnen:
Kleinmütig zwar, fast gleichend den verlegnen
Pärchen der Liebe, die ihr Herz gefunden.

Schau ich ins ferne Gestern, bleibst die Maid,
Mit mir durch Wiesen gehnd auf Tänzelschritten.
Feldblumen stecktest dir ins Sommerkleid.
Verwelkt sind sie, Staub unter fremden Tritten.

Im Land der Träume schwebst, sie aufzulesen:
Stets pflückst den Strauss, der einst an dir gewesen.

DER ERSTE SCHNEE IM HAAR

Was deine Finger suchen an den Schläfen,
Selbst wenn sie überall nur Silber träfen,
Sei Schnee nur, der im Frühlingsmorgen hing.
Ist's Nacht, ist's Mondglanz, kannst du's nicht vereiteln;
Hör auf, die blonden Locken zu zerscheiteln;
Auch Nacht ist schön, wenn goldner Tag verging.

DIE UNSICHTBARE ROSE

Fern lag ich krank - gelähmt. Zwölf Rosen schickte
Mir deine Botschaft für die ersten Schritte.
Zwölf Tage flohn noch, eh ich dich erblickte
Schwer war mein Herz und still war seine Bitte.

Ich kam zurück. Du schwiegst. Mein Schmerz erstickte
Den Gruss, das Wort, als ob ich nicht dich litte.
Der Rosen letzte, einzig ungeknickte
Hielt ich vor dir schon welk fast bis zur Mitte.

Du nahmst sie, und des Kelches Blätter fielen
Zerteilt zu Boden hin vor deine Füsse...
Da knietest nieder, suchtest diese vielen
Vor uns zerstreuten... Und die Hand, die süsse,
Sie tastete, Vergangnes zu bewahren,
Und griff die Rose aus dem Unsichtbaren.

DIE SPÄTE ROSE

So schminke dir zu deiner Schönheit Sterben,
Zu deiner Liebe Abend, der ersprühte,
Die Lippen wie mit rosigem Geblüte,
Um einmal noch mit ihrem Schmelz zu werben.

Den Rosen, die im späten Herbst verderben,
Vergleich ich deine überstrotzte Blüte,
Wenn sie im Dämmer, wo ihr Licht verglühte,
Mit Weinrot ihre müden Becher färben.

O Kelch voll Süsse, schwer von Regennässe,
Der nur sich öffnet mit der Anmut Schwinden,
Den Duft verströmend erst im Untergehn,
Schon morgen wird man die verwelkte Blässe,
Dein Innerstes auf dieser Wiese finden...
Schon kommt der Wind, die Blatter zu verwehn.

VERFLUSS

Wie Gott dir Adam schuf, erschufst du mich,
Mein Wesen bildend aus dem Erdenkloss.
Der Sommergarten blühte wolkenlos:
Das Urpaar waren wir - bloss du und ich.

Die Zeit trug uns von hinnen. Es entwich
Die Abendsonne in des Westens Schoss;
Nie geht sie wieder auf... und goldengross
Versank die Liebe, wo der Glanz verblich.

Sieh, unser Jawort gleicht verwehtem Wind.
Und unsre Hände wird das Alter trennen.
Die Stunden fliehn, die mit dem Tag verbrennen.

Und keiner ahnt, dass wir vergessen sind!
Staub toter Sterne hatte uns geboren:
Schon eh du nahtest, warst du mir verloren.

SCHNEISE IM WALD

Oft bricht durch Tannicht mit des Windes Eilen
Des Sturmes Macht, die Bäume zu zersplittern.
Verbraust sind nun die Böen, die zerspeilen,
Die Laub- und Nadelwald in eins verzwittern.

Das Herz ist so: die Wunde darf verheilen...
Bloss frühe Jugend liess es bang erzittern;
Jetzt blüht die Schneise, halb verwischt zuweilen,
Wo Strünke modern, die zu Mulm verwittern.

Forstnachwuchs treibt... noch stehn die Dämmerhallen
Als dunkle Haine, drin wir längst verschwunden;
Durchnarbt hat sie ein breiter Sonnenstreifen.

Wer rief den andern, den er nicht gefunden?
Auf Stämme ist ein Luftstoss einst gefallen,
Schuf Lichtung wo nur Heidelbeeren reifen.

MEINER MUTTER

An Hanna Oesch-Haberbusch

Im Mutterglück, wie auf Marienbildern,
Hielst auf dem Schosse mich voll süsser Hege;
Mir däucht, ich sähe dich gebeugt zur Pflege...
Verblasst bist jetzt; wer kann dein Lächeln schildern?

In meinem Herzen pocht dein Herze rege:
Bin noch in Jugendgärten, die verwildern,
Die weit und rings erblühn, den Schmerz zu mildern,
Und Zutritt sind sie auf verwischtem Wege.

O Urverbund, woraus die Hoffnung floss...
Man bot nur Trunk mir, dass ich Gift genoss!
Fallstricke flocht man, dass ich unterliege!

Nicht Leid, nicht Freude sind für mich gewesen.
In dir nur fand ich das geliebte Wesen:
Die erste Wiege war die letzte Wiege.

SCHAU INS EWIGE

Es wintert schon, da Nacht um Nacht sich langte.
In dunklen Abgrund rieselten die Stunden.
Im Nebel bist mir unfassbar verschwunden,
Du, die Umschlungne, du, die heiss Verlangte.

Wer kennt den Pfad noch, der zu dir gelangte,
Dir, die sich losriss, meiner Hand entwunden!
Wo stand die Laube, drin wir uns gefunden
In jenem Garten, der im Lenze prangte.

Dem Tode sind wir nah, bald nur gewesen...
Blick auf zum Sternenhimmel! Eine Schrift
Glüht unentziffert dort, die wir nicht lesen.
Sind wir Vergang bloss, die das Schicksal trifft?

Selbst wenn das All wie Zunder einst erlischt
Das Einst bleibt dennoch: nichts wird ausgewischt.

DER EWIGE FRÜHLING

Steh auf! Steh auf! Das junge Jahr erwacht!
Zu tausend Malen hast du schon dein Leben
Der Blume gleich den Lenzen hingegeben;
So blühe ganz nun, welke dann vollbracht.

Noch einmal rege ich des Frühjahrs Macht!
Die Sonne soll sich aus den Fluten heben!
Fühlst du sie ostwärts aus den Meeren schweben?
O Licht! o Licht! du siegst ob aller Nacht!

Geliebte, komm, wir wollen uns versäen
In einer Saat, wo Ernte wir empfangen
Auf einem Felde, das die Engel mähen.

Das nächste Jahr soll Ewger Frühling gehen
Ob unsern Leibern, wenn wir heimgegangen
In einer Flur, wo wir nicht mehr erstehen.

DIE LIEBENDEN

Jung waren wir. Uns nahm des Jahres Norden.
Geh schweigsam hie und unsre Stätte grüsse.
Dass alles Feld die Lust des Sommers büsse,
Weht Laub herab und tanzt in wilden Horden.

Mag auch der Eiswind alle Blumen morden,
Hier schritten wir, hier war die Spur der Füsse;
Dem Vogelliede glich des Plauderns Süsse,
Doch scheint's nur so, als ob wir still geworden.

Denn aus dem Grabe spriesst ein Rosenbaum
Mit Knospen zart wie junger Wangen Flaum,
Einmal des Jahres blühet er vollends.

Dann hüpfen leise, singend im Geäst,
Wenn Dämmrung sich auf Erden niederlässt,
Zwei Vögel zwitschernd immerdar im Lenz.

TOD UND VERKLÄRUNG

Wir standen im Dom am Altare
In der Schönheit- der Jugend Gewand,
Verklärt durch die Liebe, die wahre,
Vermählt durch ihr heiliges Band.

Der Regen beweint mich im Grabe...
O Jubel, zu Asche gemacht!
Die Liebe, die ich nicht mehr habe,
Sie schwand in die endlose Nacht.

Du hast sie! Nie löschen die Kerzen
Vergöttlichter Liebe im Nichts,
Sie brennt in des Domes Herzen
In der Flamme des Ewigen Lichts.

DU UND ICH

Geliebte, die ich traf in diesem Leben,
Um Lust und Leid als gleiches Los zu teilen
Und dieses kurze Dasein zu durcheilen;
Wir nahmen, was die Tage uns gegeben.

Sind wir erlöst, zum Himmel aufzuschweben?
Wo ist der Pfad? Gehört er zu den steilen
Schwindligen Wegen? Wandrer, sollst nicht weilen...
Ein Abgrund gähnt: sei nicht ihm preisgegeben!

O Gott, wer ahnt Dich? Wer kann je Dich kennen?
Warum hast Du zum Menschen mich erlesen?
War ich ein Nichts vor Deinem höchsten Wesen?
Eh ich begann, bist Du schon stets gewesen.

Mein Lieb, ich möchte nie von dir mich trennen.
Zwei Lichter sei'n wir, die vor Gott verbrennen.

VIERTER TEIL

PHILOSOPHISCHES FORSCHEN UND BEFRAGEN

BEWUSSTHEIT

Aber vom Baume der Erkenntnis
des Guten und Bösen sollst du nicht essen. Mose 2.17.

Wie's erste Paar in ahnungsloser Lust
Gewandert in der Liebe zarten Schlingen,
Und einen Namen schenkte allen Dingen,
Eh es empfand den Schmerzlichsten Verlust:

So waren wir. Die unverdorbne Brust
Enträtselte noch nicht der Seele Singen...
Da brachst du mir den Apfel, und wir gingen
Hinaus zum Garten, unser selbst bewusst.

Liebe ist Unschuld, Trieb und dumpfes Streben,
Verblendung, Leidenschaft und selges Büssen,
Will nicht, erkennend, wie die Gottheit leben.

Kannst du mich nicht entwöhnen jener süssen
Und bittern Frucht und mir den Taumel geben,
Dass ich mich selbst vergesse, dir zu Füssen?

LEERER HIMMEL

Als wir uns sahn, wen hab ich übersehen?
Ging eine andre Liebe still vorbei?
War die Begegnung Schicksal, war sie frei?
Ist Pfad ein Weg, den unfehlbar wir gehen?

Unfasslich flieht das irdische Geschehen.
Der letzte Seufzer und der erste Schrei...
Wer denkt des später: Es ist einerlei
Ob Lust und Leid wie Lenz und Herbst verwehen.

Altäre bauten wir und lichte Tempel,
Wo Götter strahlten hinter Weihrauchschwaden;
Und Einheit prägte unsres Glauben Stempel.

Sinnbilder blassten... Wissenüberladen
Sehn wir das Weltall, doch es hat kein Ende:
Ein Meer von Sternen fliesst uns durch die Hände.

VERWISCHTE FÄHRTEN

Das Meer ist Urgewalt, die sich zerstreut
In wildem Ansturm auf dem leeren Strand,
Um rückzuwallen, wenn sie sich gewandt
Als Schub und Hub, der ewig sich erneut.

Nur Schatten bist, o Wandler! Nie gebeut
Dein Wille dieser Macht - bald Flut, bald Land;
Senkst deiner Tritte Stapfen leicht in Sand:
See spült sie weg so weit der Himmel bläut.

Hiss keine Segel: nirgends fändest Ziel.
Versunkne Glocken täuschen bloss Geläute;
Die Fahrt ist Schimmer, längst vergangnes Heute.

Die Zeit zerrinnt wie eine weisse Rose,
Die stets aufblätterte und stets zerfiel.
Plückst nicht den Kelch: drin schwebt das Anfangslose.

MONA LISA

Dein Antlitz bringt Geheimnis mit der Trauer
Auf dem Gemälde, wo dein Lächeln schwimmt;
Und der Betrachter oder der Beschauer
Löst nicht das Rätsel, das dein Bild bestimmt.

Bist unerreichbar ferne... Wer genauer
Lauscht, ob sein Ohr hier Klage je vernimmt,
Sieht kühle Ruhe nur und stille Dauer
Als Licht der Jugend, welches immer glimmt.

Der Meister, der dich schuf jenseits des Lebens,
Hat dich entrückt, dass niemand dich erfasse!
Bloss er allein kann deine Züge lesen.

Denn in der Welt sucht jeder dich vergebens.
Zweideutig strahlst du und du bist die blasse,
Die tote Liebe, welche nie gewesen.

NARZISS

Du Wohlgestalteter sahst dein Gesicht
In dunklem Born, wo es dich spiegeln muss;
Sein Gegenglanz ist hohler Selbstgenuss:
Dein Abbild strahlte auf, als wärst du's nicht.

Vollkommen schienst dir so, dass nie sich flicht
Dein Leib den Nymphen... Deinen Überfluss
Trankst ganz aus dir, verschmähnd des andren Kuss!
Bald wirst verdorren vor der Eigensicht.

Anmutig, weiblich fast, strebtest nach dir...
Dein Doppel leuchtete mit offnen Armen
Sirenenhaft: doch nichts kann dich umarmen.

Verweiltest nutzlos. Leer war die Betrachtung.
Schon sank der Tag, es nahte die Umnachtung...
Bloss eitle Schönheit bist und Fehlbegier.

MOZART'S BESCHWINGTHEIT

Jung starbst du auf der Höhe deines Lebens,
Erreichtest nicht des Alterns Last und Leiden.
Im goldnen Augenblick verweilst. Vermeiden
Willst allzu raschen Reigen des Verschwebens.

Leichtfüssig tänzeln Töne, doch vergebens
Zerfliesst ihr Ringelzug, währt nicht, soll scheiden!
Kehrt wieder – reicher – darfst dich daran weiden…
Vergeht. Glänzt auf als Festgewand des Webens.

Warst nicht ein Schäferstündchen mit Schalmeien,
Nicht ein Getändel loser Liebeleien,
Nicht eitle Artigkeit und leichter Schwung.

Warst zierer Tanzesschritt und edle Freude!
Unsterblich bist, im Jetzt ein Lichtgebäude:
Entfliehnd und bleibend strahlst du göttlich jung.

AM FLÜGEL

Dein Spiel, es glich des Brunnens Wasserstrahlen.
Aufschoss es – eine zischend schlanke Lanze –
Und überquoll in schwankem Wechseltanze,
Bald hoch, bald tief, zu ungezählten Malen.

Wir folgten deinen Händen und den schmalen
Bewussten Fingern, stumm im Lauscherkranze.
Erguss warst du, versprüht zu Sonnenglanze,
Und doch gefasst in unsichtbare Schalen.

Hart fiel dein Anschlag auf die weissen Tasten
Und schwoll und stürmte auf ins Licht der Schöne,
Klang wieder ab um unser Trauer willen...

Weich und gedämpft, als müsstest du ertasten
Am schwarzen Flügel, jenseits aller Töne,
Das nie gehörte Lied im Reich des Stillen.

FÜLLE UND STILLE

Weltall der Töne, edles Gleichmass, Schwingung,
Und Tanz, der wendig leicht vorübereilt,
Flughafter Schwebeschritt, der nie verweilt,
Bist Takt und Schwere, Anruf und Besingung.

Gestaltlos warst erst, noch nicht Schattenbringung!
Und Aufbruch, Knospe, die zum Blatt sich teilt,
Als wüchsen Stämme, Hochforst, der sich steilt;
Dann Herbst, Zerstreunis, sturmverweht, Verklingung.

Und wie der Wandervögel Flügelrauschen
Zur Rast im Wald, zum Schlafzweig im Gestäude;
Und auch zerfallner Tempel Lichtgebäude,
Wo Göttersäulen bloss den Winden lauschen...

Der Sang durchströmt die Zeit, die endlos flieht,
Vergänglich! Ewig! Unverhallt im Lied.

OBELISK AM KONKORDIAPLATZE

Weltplatz des Abendlandes, letzte Schöne,
Wo ewigfort der kreisende Verkehr
Vorüberrollt in Wirbel und Gedröhne,
Bist Hast und Flucht und zeitlos wie das Meer.

Dein Sammelbecken fliesst ins Nimmermehr...
Des Königtums, des Kaiserreiches Söhne,
Volkszorn und Aufruhr schwollen hin und her!
Warst Ruhm, warst Fall: bekröne und entkröne.

Steil ragt ein Speer, vierkantig spitz als Dorn
In hehrer Mitte, weilend um zu lauschen...
Er liest Gewesnes: Zukunft speiht ein Born
Ob Wasserschalen, die wie Ströme rauschen.

Des Werdens Wallen hier als Stetes schreibt
Das Buch aus Stein, das aufgeschlagen bleibt.

DANTE BEFRAGT VIRGIL

Du Höllenwandrer, du, mein grosser Dante,
Der wohl die Frage an Virgilen wandte,
Ob Hass und Rache nicht zwei nahverwandte
Hauptfehler sind, die man nicht recht erkannte.

Einst ist die Tat vorbei: die Rache bricht.
Hass will zwar Sühne – und erreicht sie nicht.
Die Waage künftig schwebt im Gleichgewicht,
Doch brennt der Hass auch nach dem Weltgericht.

Verneinung bleibt als Flucht vor Gottes Willen
Gepeinigt durch die letzte, tiefste Qual,
Niemals den Durst am Liebesquell zu stillen.

O Luzifer dein Glanz erlosch in Nacht!
Hast selber ja dich ewig umgebracht,
Verlorst für immer deine freie Wahl.

PROMETHEUS

Schon immer herrschten im Gewölk Gewalten,
Die wir verehren, die wir Götter nennen.
Die Menschheit baut Altäre, Opfer brennen:
Des Schicksals Fesseln will sie umgestalten.

Erdbeben drohn im Abgrund, Kräfte ballten
Sich dort zusammen, die wir niemals kennen.
Wir warfen Blitze, Finsternis zu trennen;
Wir wurden Donnrer, dieser Welt zu walten.

Prometheus, brachtest uns den Himmelsfunken,
Des Feuers Macht die Waffen herzustellen,
Bis Stadt um Stadt in Staub und Schutt versunken.

Verwüstung säten wir in blühndem Land...
Die Wälder sind verdorrt, versiegt die Quellen!
Die Fackeln schleuderte die frevle Hand.

TURMBAU ZU BABEL

Die sagenhafte Stadt, das Riesenbabel,
Jetzt Schutt und Staub und Oednis still und bleich
Als sei es nur der Nachklang eitler Fabel:
Wo steht es nun, wo hebt sich stolz sein Reich?

Grundfeste weihten sie zum Erdennabel:
Ein Turm wuchs auf - hoch bis zum Sternbereich!
Kriegsfackel loht... Der Geier scharfer Schnabel
Zerfleischt Gefallne, die einst göttergleich.

Warst Babel, Tor des Himmels. Wirst Verwirrung.
Der Mensch bescheide sich, sonst droht Verderben.
Gesetz steht über uns. Acht sein Gebot.

Begrenz dein Tun: dein Werk führt in Verirrung.
Wald wird zu Wüste; Steine sind dein Brot.
Der Bau stürzt ein, begräbt dich unter Scherben.

DEM JÄGER... DAS WILD

Ich will nicht nach vergangnen Zeiten fragen,
Mit meinem Geiste wandle ich allein;
Mein Herz sucht nicht an deiner Brust zu schlagen,
Für seinen Durst ward jeder Kelch zu klein.

Du weilst nicht mehr in meinen lichten Tagen,
Nur mit dem Nachten kommt dein Bild herein:
Mich zwingt ein Fluch, im Wahn dir nachzujagen,
Mir selbst der Schütze und das Wild zu sein.

Du bist es nicht: ich habe dich vergessen!
Durch meine Träume rast die irre Not!
Warum nur Trug, nur Sinnestäuschung pressen
Die sich dem Pfeil als fliehnder Schatten bot?
Oh, diese Hatz in leeren Fiebernässen
Durch Unterwelten ohne Morgenrot.

SCHACHSPIEL

Stern oder Unstern kennt das Schachspiel nicht.
Zwei Heere scharen sich mit selben Steinen.
Schlagfertig stehn die Gegner. Beide meinen:
Kein Zufall stör der Kräfte Gleichgewicht.

Der vierundsechzig Felder Übersicht
Verwirrt den Denker: nie wird er bereinen
Ob hier je Schranken sind, denn auch im Kleinen
Liegt Grösse, welche keine Hand durchbricht.

Gewürfelt Brett, mit Nord- Süd- Ost und West,
Geviert als Zaun für Sieg und Niederlage:
Vor dir der Zukunft ungelöste Frage
Und Zug zum Sackgang, der nichts offen lässt.

Auf Erden zögerst vor zu vielen Wegen:
Schicksals Gestalten sind's, die wir bewegen.

BLINDSPIELER TOD

Kennt ihr den Meister, den noch keiner schlug?
Wie lang auch einer sich aufs Schachbrett bücke,
Der blinde Gegner sieht der Stellung Lücke,
Drängt mächtig vor und zwingt ihn Zug um Zug.

Das Matt gilt uns! Der Wettstreit ist bloss Lug!
Den Stein, auf welches Feld die Hand ihn rücke,
Das Schicksal schob ihn, nimmt ihn nicht zurücke:
Er gleicht dem Zeiger in der Stunden Flug.

Sprich, Niebesiegter, Austrag willst du heissen
Den eitlen Kampf, des Ende wir nicht fassen...
Wo wir - verlierend - zu gewinnen meinen!

Du lässt uns beginnen mit den Weissen,
Doch nur der Anfang ward uns überlassen
O Tod, du Spieler mit den schwarzen Steinen.

GOTTES PFEIL

Gott, grosser Jäger, gabst Du mir die Kraft,
Empor zu Dir in Aetherglanz zu dringen
Und mich zu heben wie auf Adlerschwingen,
Nur dass Dein Pfeil ein hohes Ziel sich schafft?

Versteckt gehst Du, den Bogen stets gestrafft,
Und mich belauernd hinter allen Dingen...
Unbändiger! Einst wird der Schuss gelingen,
Wo in der Brust mir rot die Wunde klafft.

Sag, schickst Du mich nur lichtwärts auf die steile
Und blaue Bahn, dass ich umsonst enteile
Dem Bogen Dein, des Sehne nie erschlafft?
Ich bin Verbannter, den Du eine Weile
Betrachtest noch, eh Deine Todespfeile
Sich in die Mitte bohren bis zum Schaft.

MILAREPA

Kasteier warst: ein Sünder, der verzichtet,
Im Felshorst hausend, nach Erkenntnis strebend,
Die Schuld zu sühnen, in Betrachtung schwebend
Hoch über Wolken, wo das Blau sich lichtet.

Sollst nicht entfliehn ins Jenseits: dich verpflichtet
Mildherzigkeit. Sei ungelöst, um lebend
Die Lehre zu verkünden, weitergebend
Göttliche Schau, die Trug und Schein vernichtet.

Entgingst du – Buddha gleich – der Sinnenwelt?
Vielleicht hast auch das letzte Tor erschlossen
Zu Seligkeiten, die kein Geist genossen?

Denn Jünger kamen, die dein Wort bewahrten...
Vergangen warst, als tot sie dich umscharten,
Die Weisheit suchend, wo das Ich zerfällt.

NIRGENDS UND ÜBERALL

Kennst du das Buch, die Schrift, die stets geblieben?
Am Himmel flammen ungelesne Zeichen,
Die mit der Morgendämmrung blass entweichen...
Der junge Tag heisst sie ins Nichts zerstieben.

Schon hat des Äthers Bläue sie vertrieben;
Aufgang der Sonne funkelt, und die bleichen
Gestirne schwanden: dennoch sind's die gleichen,
Die aufblühn abends, in die Nacht geschrieben.

Der Glanz der Helle überstrahlt die Ferne.
Wir Pflüger ernten, warten unsrer Gärten,
Vergessen kurz das Zitterlicht der Sterne.

Doch endlos ritzt der Griffel seine Fährten.
Dieselben Zeilen gräbt er immerfort...
Kein Weiser nahte, deutete das Wort.

PARNASS

Der Tage Flucht im Wind vorüberwallt.
Zeitalter schwinden hin im Tanz der Horen.
Trink aus dem Sprudel, der zu Delphi lallt;
Als Dichterpriester werde neugeboren.

Zwar hat der Quell die Seherin verloren;
Die Stimme ist im Heiligtum verhallt.
Verschollen hinter längst geborstnen Toren
Sei selber nun Apollos Lichtgestalt.

O Schaffender, als Pilger wanderst nur!
Das Grab ist leer: wo ist des Meisters Spur?
Gewordnes lässt sich nie heraufbeschwören;

Und doch soll Zukunft auch Gewesnes hören.
Was die Erwählten wussten, wisse nicht!
Belausch die Mutter Erde. Sie bloss spricht.

GEHEIMNIS DER GOTTHEIT

Das Göttliche, wer kann es je erkennen?
Es war schon immer: niemand schuf die Welt.
Der Schöpfer sprach: Es werde Licht, da hellt
Das All sich auf, dass Tag und Nacht wir kennen.

Auch die nichts glauben, müssen Dich bekennen!
Der Pflüger hat den Acker nur bestellt,
Auf dass sein Saattuch stets in sich enthält
Loblied der Engel, die Gott anerkennen.

Unendlicher, Zeitloser, ich verstehe
Nicht Deine Werke, Taten, und ich gehe
Ins Irre. Will mein Geist Dich je erfassen?
Weiss nichts von Dir; doch keiner kann Dich lassen.

Bist nicht begreiflich... wer könnt Dich verneinen:
Im Unbekannten ruhst im ewig Einen.

DÄMMERUNG UND TAG

So wie das Gold, das in der Erde Nacht
Ein Schimmer trifft, kaum blitzt in seinem Gleisse,
Da es nur blendet in des Tages Weisse,
Wenn es emporgeholt aus tiefem Schacht:
So, als die Liebe ihr Geleucht gebracht,
Erstrahlt ich blass nur, dass noch nicht zerreisse
Des Schattens Schleier und sich nicht verheisse
Der Tag, der alles Dunkel offen macht.

Doch Liebe kam durch dichte Dämmerungen
Wie eine Röte die durchs Leere bricht,
Und herrlich wars, wie sie die Nacht durchdrungen;

Und sprach zu mir: Von jeher war das Licht;
Schau, deines Kerkers Tor ist aufgesprungen...
Glanz ist um dich, doch lange sahst du's nicht.

FÜNFTER TEIL

WANDLUNGEN ZWISCHEN LEBEN UND TOD

ORPHEUS UND EURYDIKE
IN SIEBEN GESÄNGEN

I   EINTRACHT UND EINMUT

II   SCHLANGE

III   ENTGLITTEN

IV   EURYDIKENS EWIGE WIEDERKEHR

V   UNVERSEHRT

VI   ENTSAGUNG

VII ERLOSCHENHEIT

I. EINTRACHT UND EINMUT

Die Felsen rücken näher, Hirsch und Hille
Ruhn sanft beim Wolfe, Frieden nicht zu stören.
Die Wälder nahen, regungslos zu hören
Den Klang der Leier in der goldnen Stille.

Eins seid nun beide! Eins sei euer Wille,
Wenn ihr durch Fluren tanzet... Minnen schwören
Sich Ruf und Antwort, freies Angehören
Im Doppelzweischritt durch die Affodille.

Labt euch am Jungborn frisch entquollner Stunden!
Schön bist Eurydike, leicht wie ein Lied,
Bist Wohlgestalt, die lichte Füsse tragen
Durch eine Frühzeit mit verklärten Tagen,
Mit Blaugezelt und Meer, wo nichts noch schied
Den Himmel und die See zum All verbunden.

II. SCHLANGE

War sie nach leichten Tänzen endlich matter,
Wie vormals auch an andern Blendetagen?
Fast maidlich lief sie hinter dem Geflatter
Der Schmetterlinge, wie ins Licht getragen.

Ihr goldnes Haar... es blondete nie glatter
Als in dem Blumenkranz, draus Primeln ragen.
Sie eilt zum Keuschbaum. Jäh wird dort die Natter
Des Zahnes Gift in ihre Ferse schlagen.

Eurydike, verfällst der grauen Macht...
Nimmst einsam schon den Pfad auf Dunkelwegen,
Gehst tiefer, tiefer, nun des Tods gewärtig.

Bloss Orpheus kann die Todeswelt bewegen...
Doch Liebe bricht nie ganz des Hades Nacht:
Die Sternenwelt nur ist allgegenwärtig.

III. ENTGLITTEN

O lausch, Eurydike, lausch dem Gesang,
Hör Niegehörtes aus des Orpheus Munde!
Hör zu voll Liebe; schick dich an zum Gang.
In tiefster Nacht schlägt deine Sternenstunde.

Frei gibt dich Hades; frei schwebst auf vom Grunde
Der Unterwelt. Schon siehst du den Empfang
Des hellen Reigens holder Mädchenrunde...
Bist fast beim Lichttor. Fürcht den Untergang!

O Orpheus, steige auf zum Strahlentage
Mit ihr – dem Scheinbild – halb im Nichts gefangen.
Noch lagen Schleier auf dem Sinn der Sage.

Gebot des Tods, wer darf es je durchqueren?
Wend nicht dich um! Flucht würde ihr Verlangen!
Gewordenes kann niemals wiederkehren.

IV. EURYDIKENS EWIGE WIEDERKEHR

Ach, die Gelöste aus dem Reich der Schatten
Zog still dir nach auf dunkelsteilen Wegen;
Doch das Gesetz darf eines nicht gestatten:
Schaust du zurück, flieht sie der Nacht entgegen.

Urlied ertönt und Saitenspiel des Gatten,
Die Leier kann Verklungenes bewegen.
Schon hellte sich der Stieg... und Tore hatten
Sich aufgetan, den Lichtpfad frei zu legen...

Starb die Ersehnte jemals? Was ist 'Einst?'
Vergangen? Künftig? Immer aufbewahrt?
Einst kam sie dir. Einst kommt sie noch. Du weinst
Umsonst... Sie bleibt dir in der Gegenwart.

Am Werdestrom, der stets vorüberwellt,
Besinge sie: sie sei die weite Welt.

V. UNVERSEHRT

Die Unterwelten sind bloss Spiegelungen
Von leeren Schatten, keiner Form vereinigt.
Erlös Eurydiken durch Opferungen:
Dein Trost ist sie, sooft dich Trauer peinigt.

Mänaden scharen sich, die dich gesteinigt,
Verschrammt von Würfen, scharf im Wahn geschwungen:
Dein frei gewählter Tod, der das All reinigt,
Hört Jenseitschöre, wo das Leid verklungen.

Bacchantinnen – oh ihr, die Blutverzückten –
Zerfetzt ihn rasend, zerrt ihn durch die Wildnis!
Geniesst des Leibs, des tausendfach zerstückten!

Ertränkt sein Haupt! Heil doch soll's meerwärts schweben.
Sein Zwiegesang ruft her der Gattin Bildnis...
Die Leier auch wird unversehrt erbeben.

VI. ENTSAGUNG

Nichtmehrgeborne, eure Trauer weiche
Erlöst im Jenseits, das kein Auge sieht.
Denn nochmals zog sie ja zum Unterreiche:
Der Gattin zweiter Tod galt höhrem Lied.

Du Zwiegestorbene, die willig schied,
Verglühter Phönix fern im Westbereiche,
Vergangne Welt bist, die im Abend flieht!
Kein Licht aus Osten neu den Raum durchstreiche.

Nie auferstehn! Gleichst mädchenhaften Stimmen,
Eurydike, die vor der Schöpfung sangen,
Dem Urton, der im Ungebornen schweigt.

Wie Nebel soll dein Schatten nun verschwimmen...
Mund küsse Mund zu letztem Nichtverlangen!
Des Lethes Kelch habt ihr euch zugeneigt.

VII. ERLOSCHENHEIT

Ein Tempelgrab im Eiland hoch... Wild streitet
Dort Süd- und Nordwind, zum Gebraus umschlungen.
Wen priesest, Orpheus, wellenhergesungen?
Nichts hört der Wandrer, der zum Gipfel schreitet.

Dein Ehrenmal zerfiel. Den Sucher leitet
Ein Gott zur Trümmerstätte: hier durchdrungen
Bebt noch der Grund in dumpfen Zitterungen
Von Leierklängen, siebenfach besaitet.

Schönmass der Sphären: Dämmerhimmel schimmert...
Orpheus, Eurydike, wo strahlt ihr nun?
Nicht mehr im Weltall, das schon nächtlich flimmert:

Zweieinheit gibt euch zeitlos das Geleit,
Sternbilder seid ihr, die im Nichtraum ruhn
Im Jenseits nie entstandner Ewigkeit.

EROS UND PSYCHE

Warst Einsamkeit, warst Wildnis, warst das Schwanen
Der unerlebten Liebe und ihr Sehnen.
Noch schlief dein Herz... und nicht erkanntest jenen,
Der dich umschlang mit Armen gleich Lianen.

O Aufgetane, darfst ihn bloss erahnen
Ihm abgewandt. Er weilt stets unter denen,
Die nächstens nahn im Stillen, Ungesehnen.
Licht würfe Schatten: achte das Gemahnen!

Eng ruh bei Eros. Seine Kniee Schmiegen
Sich sanft in deiner Kniee hohle Kehlen.
Erheb dich nie, zum Jüngling dich zu biegen,
Dein Öllicht tröffe... und er wird entfliegen.

AUFSTIEG

Wer kann des Weltalls Umfang je ersinnen?
Sein Kreis wächst weiter und kehrt nie in sich;
Entstehn, Vergehn sind beide ewiglich.
Es gibt kein Ende und gibt kein Beginnen.

Der Stein wird Pflanze... Und des Bogens Strich
Eint Erde, Wolke, wenn die Regen rinnen:
Leicht ist die Brücke, fahl schwebt sie von hinnen.
Trug war ihr Glanz, eh noch der Schein verblich.

Wer war der Faun? Des Waldes Geist? Silvan?
Halb Tier, halb Gott, dem Wandel untertan?
Dem Gang der Schöpfung auf ins Sein berufen?

O Gattungen, geschichtete zu Stufen,
Vorformen wart ihr, euch hinaufzubauen!
Lust flammt zu Licht in letztem Morgengrauen.

KLAGERUF DER ECHO

Du Nymphe Echo gingst als Kind zu Teichen.
Zum Ufer schreitend, sahst dein junges Bild
Im Grund gespiegelt und im Blaugefild
Des Abendhimmels, eingefasst von Eichen.

Ein Jüngling warst Narziss… Dein Ebenbild
Glich ihr. Verschwistert durch den wonnereichen
Durst, euch zu trinken, nahtet ihr dem bleichen
Gewässer still wie lechzendes Gewild.

Mondsichel schwand nach West, trug weg die Frist
Vergehnden Lebens, das nie wiederkehrt.
Narziss, Narziss, umsonst hattest verehrt
Die schöne Echo, die nur Klage ist.

Sie ruft dich ewig… Widerhall schallt leer!
Hochwald schweigt rings; ob ihm glänzt Sternenmeer.

PILGERSCHAFT

Glichst Bettelmönchen, hattest kaum ein Lager;
In Schnee und Frost zogst härenen Gewands;
Reichtum verschmähend, gingst als Erdentsager...
Und unnütz korst das Los des Armenstands.

Ein Dichter wohl, ein Sänger auch, Befrager
Der grossen Einheit jenseits des Verstands,
Ein Sternenzähler und ein Weltentsager,
Lichtschnuppe bloss verglühenden Feuerbrands.

Erdkreis, o Götterbühne, Fronaltar,
Worauf wie Weihrauch steigt das leere Leben,
Vorüber fliesst das Werden, eh es war,
In Lethes Schale, die im Tod wir heben.

Der graue Richter ohne Angesicht,
Er fällt das Urteil... und du hörst es nicht.

DURST

Ich senke in dein Herz der Liebe Schwert,
So schriebst du, Herr, in meines Schicksals Buche:
Nur Wüste sei sie, Dursttod dir zum Fluche,
Und wie ein Trunk vor deinem Mund geleert!

Und seither hat der Sand die Flur verzehrt,
Verdeckt den Brunnen, den ich schmachtend suche.
Verweh mich nun, begrabe mich im Tuche
Der Wanderdüne, die nicht wiederkehrt.

Nur zeig mir in der Spieglung Dunstgebilde
Der Palmenhaine wallende Gefilde,
Eh dürrer Wind des Staubes Wolke jagt;

Und lass mich kosten in dem Brand der Sonne
Erträumte Wasser voller Fieberwonne
Mit Lippen, denen du den Krug versagt.

REISE INS JENSEITS

Dämmernd, ach, ward's in mir selber...
Sommer, ich fand dich nicht mehr.
Abend, schon schwefelgelber
Malst du den Himmel aufs Meer.

Bootsmann, mir waren die Locken
Blond auf dem Nacken gewallt.
Segle mir nach! Mein Verlocken
Küsst dich in jeder Gestalt.

Woge war ich und Wildnis,
Welle voll Wonne und Weh.
Tauche in mich, in mein Bildnis,
Schwimmer, ich war ja die See.

Schön, in der Blüte, der Fülle
Ward ich auf Scheiter gebahrt.
Flammen verlodern die Hülle...
Neige, du bliebst mir erspart.

Totenschiff brennt vor der Küste,
Kiel nach dem Westen gestellt.
Nie geht der Tag dort zur Rüste
Jenseits im Morgen der Welt.

Sonne, ich folg dir, zu baden...
Asche ist ohne Gewicht!
Ewig auf Vogelpfaden
Schwerlos im goldenen Licht.

AUFERSTEHUNG

Begrabt uns so, dass uns beim Weltgericht,
Wenn uns der Engel Rufen aufweckt, beiden
Zuerst erschein, wie wir vom Staube scheiden,
Des andern neu erstrahltes Angesicht.

Schön wirst du sein, von Glanz verjugendlicht,
Und nur Verklärung wird die Glieder kleiden,
Du Auferstandne nach der Erde Leiden
Im Dornenkranz, aus dem die Rose bricht.

Oh, welch ein Feuer hat uns angefacht!
Nicht mehr in Gattenliebe hingegeben,
Aus Gottes Flamme und zum ewgen Leben
So reichst du mir die Hand nach langer Nacht:
Bis unsre Seelen sich wie Lerchen heben,
Jungfräulich nur dem Lichte dargebracht.

ZUM GEDÄCHTNIS

So leicht warst du zuletzt, fast wie ein Kind,
Eh du dies Tränental der Welt verlassen,
Gleich Sand zerrinnend, den wir nicht mehr fassen;
Dann hauchtest du dich aus, verweht im Wind.

Gesegnet sei die Armut, die entblösst.
Doch endlos ward dein Abschiedsleid auf Erden.
Wenn wir nicht stürben, könnten wir nicht werden.
Leer ragt dein Kreuz... Mein Lieb du bist erlöst.

GESTERN UND VORGESTERN

Kahl ward der Wald und leer und windverweht;
Sein letztes Laub färbt sich in Herbstesreifen,
Und Wandervögel hoch vorüberstreifen
Dem Weg zu folgen, der nach Süden geht.

War nicht dein Kleid auch Garten, den zu spät
Geblüme ziert, das keine Hände greifen?
Wer öffnet dein Gebinde, deine Schleifen?
Wer löst den Gürtel: Sichel hat gemäht...

Gingst längst durchs Tor des Friedens, überwacht
Von dunklem Himmel, wo Zypressen schwanken.
Still schläft das Leben hier, das sich vollbracht.

Sieh, meine Lieder sind für dich die schlanken
Und engen Schlingen, die dich fest umranken
Gleich Baum und Efeu in der ewgen Nacht.

GEWESEN

Der Park zerfällt; gelöste Blätter fliehn...
Verlorne Kelche streut des Winds Getose,
Zerrissne Birnen liegen auf dem Moose:
Geborstne Früchte, die umsonst gediehn.

Glaubst du, die Zeit sei ewig dir verliehn?
Nicht immer bleib ich dir des Gartens Rose,
Ich wandle wieder mich ins Namenlose,
Mein Herz ist tot, und alles ist verziehn.

VIA APPIA

Auf Römerstrassen, immer noch begangen,
Dröhnt nicht wie einst der Schritt der Legionen...
Zertrümmert sind die Götter; sie bewohnen
Nicht mehr die Tempel, die wie sie zersprangen.

O Wanderer, wirst nie dein Ziel erlangen.
Am Weg stehn Gräber oft, umsummt von Drohnen:
Ein Brustbild schmückt das Mal, wo Gatten thronen
In Stein gehaun, mit Efeu überhangen.

Stets kommen Pilger, gehn vorbei, verschwinden...
Sie wurden Staub, gewandelt in Zypressen.
Schon ewig ziehn hier Schatten durchs Gelände.

Nur Meilensteine kannst am Pfade finden!
Die anfangslose Bahn führt ins Vergessen:
Sahst nie den Ursprung und siehst nie das Ende.

DIE VERSUNKENE STADT

Dich frass die See, doch dein Geläute hebt,
Rungholt aus Meeresnacht den Fischerjungen,
Vergrössernd noch, was einst die Flut verschlungen,
Wenn es herauf aus Sagenferne schwebt.

Und um dein Sterben sich die Märe webt,
Und schenkt dir Glocken, welche nie geklungen,
Und baut dir Türme in den Dämmerungen,
Und gibt dir Tote, welche nie gelebt.

Und also wächst du in der Menschen Sagen,
Wenn man am Herde sitzt und immerfort
Laut durch die Nacht am Deiche Böen klagen.

Das Feuer lischt, stumm wird das letzte Wort;
In Asche glimmt der Gluten goldner Hort.
Wie Schätze leuchten aus vergangnen Tagen.

STUNDE DES DÄMMERS

So sei mein Tod: im Dämmern ausgesendet,
Ein Schatten schon in dehnendem Verengern,
Fliehnd ostwärts hin als wachsendes Verlängern,
Sowie des Tags Gestirn zur Kimm sich wendet.

Erblassend ist mein Umriss... Nichts mehr blendet
Die Weiten, die sich wie mit Myrrhe schwängern.
O Duft verdorrter Gärten: keinen Sängern
Blühn Rosen hier in Öde, die nie endet.

Gestaltenlos ward ich, eins mit dem Dunkeln,
Dem Aschengrau der Wüste mich vermengend.
Der Lichtball losch, im Westen sich versengend;

Nun glüht der Sterne Ausstreu wie ein Funkeln...
Einst wird kein Auge es noch schauen wollen,
Wenn alle Himmel heim ins Nichtsein rollen!

VERZICHT

Verzicht ist wie der Tod unendlich tief,
Und weiser ist Enthaltung als Beginnen,
Und besser als der Quelle rauschend Rinnen,
Ist jener Born, des Murmeln sich verlief.

Nur was mein Mund zu keiner Stunde rief,
Sprach ganz mein Herz mit allen seinen Sinnen,
Und nur was nie erstand, schied nie von hinnen:
Lang währt das Korn, das unersprossen schlief.

O Hunger, besser als gespeist zu sein!
O Durst, der brannte, besser als der Trunk!
O Frieren, besser als des Herdes Schein!
O Armut, besser als des Reichtums Prunk!
Und besser als der Baum der dürre Strunk!
O Einsamkeit, viel besser als Verein!

SECHSTER TEIL

SCHAU GOTTES

GESTALTUNG

Den Fisch erschuf ich. Dies ward ihm verliehen:
Ich nahm das Leuchten, das ob Perlen wacht,
Ich goss der Muschel Schimmern über ihn,
Ich gab das Silber einer Vollmondnacht.

Drauf liess ich aus Libellen Flügel ziehen,
Draus habe ich der Flossen Stoff gemacht;
Dann spie ich Regen, drin das Licht erschien,
Und wob auf ihn des Regenbogens Pracht.

Auf seine Schuppen blies ich Gleiss von Quarzen;
Doch ehe ich sein Wunderauge fand,
Stieg ich hinunter zu der Ostsee Strand
Und holte Bernstein und aus seltnen Harzen
Das Honiggold und schloss es um die schwarzen,
Tief schwarzen Augen als ein goldner Rand.

HEILIGER AUGUSTINUS UND DAS KIND

Einst schrittest, Augustinus, längs dem Strand
Des Mittelmeers, entrückt der Welt nach innen,
die Gottheit suchend bis zum Hintersinnen...
Da sahst ein Knäblein, spielend auf dem Sand:

"Kind, dein Löffelchen voll bis an den Rand
Leert nicht die See; zurück die Wasser rinnen."
Es ist kein Spiel: "Und nutzlos ist dein Sinnen."
So sprach die Schau, die alsobald verschwand.

Tief wie das Meer ist die Dreifaltigkeit...
Und dieser Muschel Inhalt nichts gewann:
Sie schöpfte Flut, die immer neu zerrann.

O Weiser, wirst das Rätsel nie ergründen!
In einem Meere alle Flüsse münden...
Verstummtest, Meister der Beredsamkeit.

FRANZISKUS

Selig seid ihr Armen,
denn das Reich Gottes ist euer. Lukas: VI 20.

Entsager der Welt, den Gott an sich bindet;
Bloss Demut warst, dich niedern Bruder nennend.
Im Bettlerkleid gehst, den Weg der entbindet...
Nur Gottes Ziel sahst, dich von allem trennend.

Und da dein irdisch Auge fast erblindet,
Schufst du den Sonnensang, in ihm erkennend,
Dass wir die Tiefe schaun erst wenn sie brennend
Als Feuermeer den Schoss der Nächte findet.

Ein Seraph kam, umglüht von goldnen Flammen,
Sechsfach beflügelt, Wundenmale zeigend,
Die vom Genagelten am Kreuze stammen.

Und der Erlöser war's, zu dir sich neigend,
Verklärend dich, umloht von Himmelsglanze,
Dein Herz durchbrennend mit dem Stich der Lanze.

ALBERTUS MAGNUS UND DAS MARIENBILD

Du weisse Rose, Mutter aller Gnaden,
Du Morgenstern, Aufglanz zu lichtern Tagen,
Hilf mir, lass Reue mich in Tränen baden:
Dein Sohn war's, der das Leid der Welt getragen.

Mariens Bild, lenk mich auf reinen Pfaden!
Der Grösse und des Ruhms will ich entsagen.
Die Zeit vergeht: es bricht des Lebens Faden;
Mir naht mein Ölberg... Mög ich nicht verzagen.

Die Himmelskönigin – die schimmerndhelle –
Die einst erschienen dir in jungen Jahren,
Zum Greise kommt Sie in die Klosterzelle.

Albertus, strebtest Wissen zu bewahren;
Doch was der Mensch baut, fällt in Staub zusammen:
Dein Herz schenk Gott, erglühnd in Liebesflammen.

AVE MARIA

> *Ich will Feindschaft setzen*
> *zwischen der Schlange und dem Weib:* Moses 1. III 15.

Das Weltall schlief, das sternenübersprühte...
Und in der Stille Himmelschöre singen,
Die Nacht verklärt sich... Botschaftsengel bringen
Des Friedens Licht, wo Gottes Glanz erglühte.

O Lächelnde, zu der die Weisen gingen,
Entsprossen ist aus dir die zarte Blüte,
Du Mädchenscheue, Kind noch im Gemüte:
Einst wird ein Schwert durch deine Seele dringen.

Ahntest, o Magd des Herrn, des Sohnes Pein?
Der Kreuzstamm ward für uns der Baum des Lebens.
Empfange, Vater, unsern letzten Hauch.

O Vater, Vater lass erlöst uns sein!
Wir sehn das Heil. Die Schlange log vergebens:
Ave Maria, ave Eva auch.

ERSCHAUUNG GOTTES

So wie der Morgen einen Vogel küsst,
Fast heimlich nur, wie wenn durch tiefe Zähren
Die Kerzen flimmern von den Hochaltären,
So brennen Herzen, wenn das Licht sie grüsst;
So brennen Herzen, wenn am Weltgerüst
Die Sterne löschen und wie schwere Beeren
Vom Himmel fallen, um den Glanz zu nähren
Im Gnadenbrunnen, der die Nacht versüsst;
Im Gnadenbrunnen, wenn auf Blumenfähren
Wir näher ziehen vor die goldnen Kronen,
Die höher schweben, leichter als der Kreis...
Und schauen auf bloss zu den Feuertronen,
Zu Übergängen, tanzend durch die hehren
Augen der Seligkeit, die nichts mehr weiss.

SÜNDENFALL

Wie gleicht das Weib der Schlange voller List
Am Baum des Lebens, wo die Früchte alle
Hinunterhängen dem zum Sündenfalle,
Der das Gebot für frevle Sucht vergisst.

Weh dir, der sich an Gottes Grösse misst!
Nie wird die Seele mehr zur reinen Halle,
Wo sich die Liebe spiegelt im Kristalle:
Nun weisst du, Adam, dass du nackend bist!

Herr, wir sind bloss vor deinem Angesicht;
Wir wollten Wissen im Genuss erwerben,
Doch im Erkennen barg sich das Verderben.

Drum stell die Wächter vor dein Tor und Licht,
Und künde den Verstossnen dein Gericht:
Gib uns das Land mit Steinen und mit Scherben!

AN DIE LEIDENDEN

> *Und er sah, dass der Busch*
> *Mit Feuer brannte, und ward*
> *Doch nicht verzehrt.* Mose II 3.2.

Wer nicht den Schmerz kennt, kennt auch nicht die Freude:
Wer nicht den Aussatz wusch und nicht die Schwären,
Wer nur die Schönheit küsste, nicht die Räude,
Dem wird sich nie der Feuerbusch verklären.

Oh, dass ich ganz mein Herz an Dich vergeude,
Bis Rosen brennen, wo sonst Dornen wären!
Und unverzehrt erlodre ihr Gestäude,
Des Flammen sich aus Gottes Glanz gebären!

Und eine Stimme spreche aus der Lohe:
"Euch soll ein Land von Milch und Honig fliessen,
Wenn ihr durchquert die Wüste vierzig Male;
Ich bin es, der Ich bin, Ich bin der Hohe,
Der dürre Fels, aus dem die Wasser schiessen,
Der Kelch der Wonnen nach dem Tränentale."

ENTFLOHNER GLAUBE

Wir sehn in loher Nacht die Welt der Sterne.
Gebete suchen dort den Unbekannten.
Kalt strahlt sein Urbild, das wir nicht erkannten.
Wo ist dies Nirgends – immerfort uns ferne?

O Spreu und Streu von Lichtern, die uns sandten
Seit abertausend Jahren goldne Kerne
Gleich Samenwurf. Umsonst zählst sie. Verlerne
Die Schau der Himmel, welche stets verbrannten!

Schon rührt man Trommeln mit verhülltem Dämpfer.
Wir gehn – ein Trauerzug besiegter Kämpfer –
Geschlagen hinter blutdurchnässter Fahne.

Kein Trunk ward uns gereicht im Fieberwahne:
Erbarmungswerk der Liebe schwand im Staube...
Oh, tote Hoffnung! Oh, entflohner Glaube!

THEODORA

Dein Rock war schlampig und dein Haar verworrn,
Und sonnenlos der Gassen dunkle Schlucht;
Abwässer schleusten sich zum Goldnen Horn.
Dir war nicht frei die Fahrt zu offner Bucht.

Noch kanntest nicht die Rose, nur den Dorn,
Nicht Herrscherwürde, straffe Throneszucht;
Noch sprang dir nicht der Wasserkünste Born
In hellem Sprühen durch der Gärten Flucht.

Welch Los hob dich aus dumpfer Unterwelt
Zum Glanz der Kirchen, wo im Prunkgewand
Gekrönt erscheinst, bis alles vor dir weicht?

Sieh, zeitlos hast in Schönheit aufgestellt
Des Geistes Kuppel: sie schwebt licht und leicht
Ins Blau gehoben durch des Künstlers Hand.

DIE SELIGKEITEN

Selig ist, der rein liebt: göttlich ist die Reine.
Selig ist, der Liebe schenkt um ihretwillen.
Heil dem, den dürstet: Borne werden quillen;
Und Heil dem Sucher: ihm erscheint das Seine.

Dem Paare Heil, vermählt zum Allvereine.
Selig die Eintracht - frei von Eigenwillen.
Heil dem, der nichts frug: stumm sind die Sibyllen.
Selig ist, der vielfach schaut das ewig Eine.

Früh war die Jungfrau, blond für mich gemalt!
Ich sah der Mutter Mädchenangesicht...
Die Zeit floss weiter. Doch es blasste nicht
Dies Sonnenantlitz, das mich angestrahlt.

Und widerschimmert in mir unverloren
Die hohe Liebe, die mich neu geboren.

JUDAS

Judas Ischariot warst schon Verräter,
Als Magdalena kam, den Herrn zu salben.
Laub zitterte in Espen und in Alben:
Die Nacht ging westwärts sternenübersäter.

Zum Ölberg schritt der Schmerzgeweihte... Später
Erst wussten seine Jünger wessenthalben,
Er auf zum Himmel schwebte gleich den Schwalben,
Sechsfach beflügelt seraphleicht im Äther.

Warum warst Schwärze, Judas, Bosheitschatten,
Ein Lichtverneiner, jede Liebe hassend?
Die Welten mischen in die Helle Dunkel.

Mittag und Mitternacht sind wie zwei Gatten,
Ewig getrennt und ewig sich umfassend...
Auf Düsternis erblüht das Sterngefunkel.

AM BERGALTAR

Spinnst Du in Dich zurück des Lichtes Zwirn,
So wie die Spinne, wenn es Abendzeit?
Ich stieg Dir nach aus Tales Dunkelheit,
Dass ich vom Gipfel grüsse Dein Gestirn.

Als ich hinaustrat auf den höchsten Firn,
Da war um mich die goldne Ewigkeit,
Drin stand die Sonne, wie für Dich geweiht;
Ihr letzter Strahl umküsste meine Stirn.

Da war's mir, Herr, Du seist des Lichtes Wonne,
Gäbst es zum Abendmahle wunderbar,
Damit Dein Leib der Erde Speise sei;
Denn auf den Weltrand trugst Du dort die Sonne,
Und halb sie senkend in den Bergaltar,
Brachst Du ihr Leuchtbrot auf dem Berg entzwei.

KREUZWEG

Als mit dem Kreuz der Sohn zum Stadttor schritt,
Ein Dorngekrönter in der Schmerzensgasse,
Durchbrach ein Weib der Gaffer stumme Masse,
Wusch ab sein Blut – nahm Sein Antlitz mit.

Auch ich verriet Ihn, als Er im Gelasse
Des Kerkers unter Hohn und Schlägen litt,
Glich jenem, der die Jüngerschaft bestritt
Floh vor dem Herrn, war feig und voll von Hasse.

Erschrick, mein Herz! Der Hahn schon zweimal schrie
Für den Verleugner vor dem Morgengrauen:
Warst Knecht und Foltrer, der das Wort bespie;
Riefst mit dem Volk: "Schenkt Barabbas Vertrauen!"

Und dennoch wird der Meister einst vergeben.
Sein Weg ist Wahrheit und Sein Tod ist Leben.

ERLÖSUNG

So rode mich, da ich das Leiden lernte,
Bis Feuer lichtend weite Waldung schwendet;
In schwarzer Asche keimt die goldne Ernte,
Denn Staub wird Aehre, wenn der Pflug ihn wendet.

O Liebe, Glück und Leid und klein schon gross,
Du Muttersuche und Erlösungswähnen,
Wie jenem Gotteskind fiel dir das Los:
Erst lächelst du, dann bist du Blut und Tränen.

Den Meister hörte ich voll Liebe sagen,
Kurz eh er einging in des Todes Nacht:
Verzeihe, dass sie mich ans Kreuz geschlagen,
Denn, Herr, sie wissen nicht, was sie vollbracht.

DER GÄRTNER

> *Sie sah den Auferstandenen...*
> *und meinte es sei der Gärtner.*
> Johannes 20. 14- 15.

Felsgräber... Steingrund... Nirgends Sykomoren...
Zypressen nur, die nach den Sternen zeigen.
Maria Magdalena sucht im Schweigen
Des Morgengrauns den Herrn, den sie verloren.

Aus Seiner offnen Gruft strömt Nebelsteigen.
Der Auferstandene ist neu geboren.
Maria, sagt der Meister, sei erkoren,
Den Gärtner siehst du, dich vor Ihm zu neigen.

O Weib, was weinest du... Es winkt der Pförtner:
Kein Flammenschwert verschliesst fortab den Garten.
Geliebte, komm, du brauchst nicht mehr zu warten.

Ich bin der Weg, die Wahrheit und das Leben,
Und alle Sünden sind in Mir vergeben.
Noch blüht das Eden, und ich bin sein Gärtner.

ZEITLOSER CHRISTUS

Dreieinheit Gottes, Deine Zweitgestalt,
Dein eingeborner Sohn glänzt in der Nacht
Des Chorgewölbes. Er ist Allgewalt,
Denn jede Schöpfung wird in Ihm vollbracht.

Sein Antlitz leuchtet still wie hingedacht
In heilgem Dunkel... und der Pilger wallt
Zu diesem Urbild, das auf Erden wacht:
Nur Es ist ewig. Wir verdämmern bald.

Tod ist kein Fliehen in Unendlichkeit,
Kein lichter Aufflug in die Welt der Sterne;
Und Leben heisst nicht Eingang in Entstehen.

O Christus, zeitlos schau mich an... Dein Kleid
Weist mir, dem Blinden, Deine goldne Ferne.
Nun lös mich auf: in Dir will ich vergehen.

BRIEFAUSZÜGE
Albert Oesch. Frithjof Schuon.* Felix M. Wiesner.

Albert und Frithjof befreundeten sich schon auf der Schulbank in ihrer Geburtsstadt Basel. Sie blieben weiter eng befreundet nachdem Albert, mit elf Jahren, mit seiner Familie nach Lausanne zog. Bis in die vierziger Jahre führten sie ihre Erwägungen über Philosophie, Dichtung und Spiritualität weiter.

◆

Frithjof Schuon, Basel 1907-1998 Bloomington USA. war ein Schweizer Metaphysiker und Esoteriker. Zusammen mit René Guénon, und Titus Burckhardt, gilt Schuon als einer der Wiederbeleber der Sophia Perennis im zwanzigsten Jahrhundert. Sein Denken steht in der Tradition von Plato, Shankara, Ibn Arabi, und Meister Eckhart. Er schrieb – größtenteils in französischer Sprache – mehr als zwei Dutzend Bücher über Metaphysik, Religion und Spiritualität. Er unternahm zahlreiche Reisen, auch zu den nordamerikanischen Indianern, für die er, 1980, nach Bloomington, Indiana, USA, übersiedelte.

Den 15. Januar 1924

Lieber Oesch,

Nun will ich Dir doch endlich wieder einmal schreiben. Sei meiner Freundschaft stets versichert. Denkst Du noch an das Zusammentreffen vor der Galluspforte um zwölf Uhr in der Silvesternacht 1932? Du, Jenny und ich. Das ist in acht Jahren - da bin ich fünfundzwanzig Jahre alt, wenn ich noch lebe. Aber ich muss leben! Meiner Werke zuliebe, nicht wegen mir. Ich habe so grosse, schöne, weitumfassende Pläne. Ich bin im Begriff ein Epos zu schreiben, dessen Namen ich Dir später einmal mitteilen werde, wenn es herausgegeben ist.

Du weisst ja wahrscheinlich, dass ich in Mülhausen Entwurfzeichner bin für den Seidendruck. Diese bescheidene Künstlerlaufbahn habe ich trotz aller Widersprüche meiner Familie gewählt, um mich sozusagen spielerisch betätigen zu können damit Gedanken in mir reifen.

Mein Bruder ist in Belgien in einem Jesuitenpensionat.

Mein bester Freund ist ein Jesuitenpater aus Strassburg oder Colmar; es wäre interessant wenn Du Ihn kennen würdest.

Ich grüsse Dich, mein Freund
Frithjof Schuon

Vermutlich 1924

Lieber Oesch,

Herzlichen Dank für Dein schönes Weihnachtsgeschenk, Deinen Brief und Dein Gedicht.

Um die Kritik hättest Du mich nicht zu bitten gebraucht, denn das Gedicht zieht unmittelbar mein freudigstes Erstaunen nach sich. Ich hätte dies nicht für möglich gehalten. Es liegt Kopf und Fuss drin! Es gleicht etwas! Es ist individuell! Wenn Du weiter dichtest wirst Du gute Resultate haben.
Und wenn ich Dir auch nicht schreibe, denke ich doch immerfort an Dich und hoffe auf 1932.
... Ich habe seit ich Dich kenne, keinen einzigen neuen Freund kennengelernt! Ich schreibe viel Philosophie und dramatisches, und lerne daneben für mich Italienisch.

Grüsse an Felix
Frithjof

Vermutlich 1925-26

Lieber Oesch,

Sage einmal, findest Du Philosophie etwas kaltes? So lass aber davon, und warte bis sie Dir nicht mehr kalt erscheint. Ich schreibe jetzt meine Lebensgeschichte. Ich brauche nur aus dem Ärmel zu schütten. Ich werde auch über Dich ein Kapitel schreiben.

… Das tragische meiner Jugend fällt mir besonders leicht, weil es mich am tiefsten ergreift und ich mich am meisten darin wieder erblicken kann. Was ich sonst tue? Philosophieren. Philosophie ist die Metaphysik der Lebensweisheit. Ohne sie können wir das Leben nicht erleben, sondern das Leben erlebt uns. Die Philosophie ist die Grammatik des Lebens. Ich durchsehe jede Handlung wie Fensterglas und mache mit meinen Mitmenschen Beobachtungen, ohne dass sie es merken.

Frithjof Schuon

Vermutlich 1927-28

Mein lieber Albert,

.... Wie ? Du wirst nie die Wahrheit finden? Und wie alt bist Du ? Es geht ein wehleidiger Zug durch dein Dichten. Du leidest, das ist gut, aber um so von der ewigen Wahrheit zu sprechen, muss man ein durch die Gedanken ganz umgeschaffener Mensch, ein reiner, urgeborener Denker sein; man muss, über ein Jahr, faustisch, herb, ernst, grausam, ohne Selbstsbespiegelung im Gedanken gelebt haben. Es gibt Menschen, die sehen in der Philosophie die ganze Welt, bis sie wissen dass es Mystizismus, Theosophie und indische Anschauung gibt. In Wirklichkeit ist die Philosophie eine ganz eigenartige, in eigenen Grenzen sich auswirkende Art des Denkens, die noch lange nicht die Welt erschöpft; sie kann sie nur in Worten, nicht lebendig umfassen. Du musst lernen, Dich selbst zu verachten und zugleich das Höchste, reinste, in Dir verehren. Es grüsst Dich

Dein Freund Frithjof der Dich liebt

Lausanne den 8. Mai 1931

Mein lieber Frithjof,

Ich wusste damals nicht, was mir bevorstand. Aber am nächsten Morgen ging ich mit der Sonne an die Arbeit und durch den unvollendeten Bau meines ' Münsters' und vierzehn Tage lang schuf ich Pfeiler und Pforten und Türme und liess Morgen und Abend werden. Was da hervorging übersteigt alles was ich jemals gedacht habe. Meine Sonette sind Kohorten eines unabsehbaren Heeres und die Sonne blitzt über Ihre Freude und ihre Gewalt.

Rosen rief ich und Gewölbe und böse Geister und meine tiefste Demut nach so vieler Kraft. Auch solltest Du wissen: was ich Dir damals las ist jetzt alles ungenügend geworden. Du wirst denken, dass ich überschäume voll abendländischem Eigenstolz. Aber so lass mir doch meine Freude!

Wir werden das auf Deiner "Insel" besprechen, wenn Du mir wieder Schokolade kochst, wenn wir satt sind und müde und unseres Abends überdrüssig nach so viel Honig der Erkenntnis.

Für Deine Gedichte dank ich Dir vielmal: sie sind mir wichtiger als Du ahnst: wenn es Dir irgendwie möglich ist so schick noch welche.

Dein Albert

Paris, den 7. Dezember 1930

Lieber Papa,

Ich habe mich manchmal gefragt warum unsere Zeit nicht mehr so gewaltige Werke schaffen kann wie Notre-Dame de Paris, die gegen den Tag die Herrlichkeit ihrer Glasfenster und die stille Gegenwart ihrer Seligen stellt. Und ich glaube es ist, weil es damals irgendeine grosse Gewissheit geben musste, die wir vergessen haben. Eine Gewissheit der werktätigen Liebe. Gibt es zum Beispiel eine unmittelbarere Erfahrung des Lebens, als die jenes Heiligen der einen frierenden Aussätzigen in sein Bett legte und ihn wärmte mit seinem Hauche? Ich meine, wenn einer so etwas tun kann, so erlebt er durch seine Handlung die Trübsal des anderen und in einem einzigen Augenblick wird ihm der Sinn eines ganzen Lebens geschenkt.

Ich denke also dass es geheimnisvolle Erfahrungen gibt, Offenbarungen durch Werke grosser Künstler, oder durch das eigene Werk der Liebe oder der Schönheit. Denn Du musst wissen, dass alles sehr Rätselhaft ist.

Zuerst sind die Dinge nur da und man muss sie lange ansehen: dann sprechen sie! So steht zum Beispiel eine grosse Heilige in der Gewandung des Portals. Sie steht auf einer hohen Säule... sie ist selbst eine schmale Säule. Weil ich weiss, dass ein Künstler vielleicht ein ganzes Jahr lang, oder mehr, an ihr gemeisselt hat, verstehe ich, dass ich sie lange betrachten muss, ehe sie mir etwas sagt. Und dann sehe ich wie ihr Haar über die Schultern fliesst und in ihr Kleid übergeht, und ganz unmerklich eine Falte des Gewandes wird. Erstarrt in weissem Kalkstein... und doch hat sie ein Leben! Aber ein ganz langsames, das auf viele Jahrhunderte verteilt ist... denn ihr Wesen ist jenem des Baues eng verwandt. Sie ist selbst ein Aufstieg im aufsteigen der Säulen. Und das Gebäude ist in ihr Mensch geworden damit wir es besser verstehen. Sie steht am Eingang, sie ist ein Entgegenkommen, sie führt uns ein in die Sprache der Steine.

Albert

Lausanne, le 10 janvier 1931.
Destinataire inconnu

Cher ami,

Ce matin, je me suis réveillé plein d'élan pour vous écrire. Aussi ai-je revêtu un costume ; cela veut dire que j'ai mis mon vieux veston troué, une cravate inavouable. Je veux vous parler de poésie.

Mais ne croyez pas que je sois dépourvu de tout, car bien que je vous écrive avec une vulgaire machine à écrire, j'ai placé tout près de moi ma plume incrustée d'or. Depuis que je l'ai reçue... je ne lui ai jamais fait tracer autre chose que des poésies...

J'ai aussi campé un beau vase de Chine en face de moi !

Pour moi, l'art est plus qu'un simple plaisir esthétique, c'est un rituel, une initiation, un acheminement vers une vision intérieure toujours plus intime et profonde. En somme, c'est une conquête, une recherche du symbole. S'il veut être un chantre de la chair, il s'agit pour le poète d'éveiller nos passions ; s'il entend être un artisan de la connaissance, qu'il façonne en mots un visage du Christ ou du Bouddha.

Lorsque je serai arrivé au terme de mon exploration, je grouperai mes écrits de la façon suivante : tout d'abord les poésies qui ne parlent qu'aux sens, ensuite celles qui parlent aux sens et à l'esprit ; enfin celles qui ne parlent qu'à la conscience.

Là, je me dépouillerai comme d'autant de voiles des apparences, là je chanterai les beautés de la Pensée désormais informelle.

Le sonnet que je vous envoie dit la tristesse de celui qui n'a pas trouvé l'amour des autres suffisant et qui s'est rabattu sur l'amour de lui-même. Il dit la tristesse de celui qui se sent périr, parce qu'il n'est rattaché à rien. C'est pourquoi il descend en lui-même à la rencontre de son Image. Quand il la touchera tout à fait, il ne sera plus rien... que vacuité.

Vous pouvez comprendre le poème comme une suite rythmique de couleurs et de visions, comme une musique qui peut vous influencer subtilement... ou le comprendre comme l'expression d'une sensibilité qui se cherche et pourtant lumineusement claire; toute de joie peut-être, mais de la joie tremblante de Narcisse à l'idée que l'image finalement s'écoulera dans la rivière et qu'il est peut-être destiné à disparaître pour n'avoir rien trouvé au-delà de lui-même.

Mais ce sonnet est né avec beaucoup d'autres et je lui ferais tort en l'isolant. Il est 'lui-même' et pourtant trouve ses sources bien au-delà de ce qu'il est. Je crois qu'une œuvre d'art, qu'un seul poème, reste inséparable de la totalité. C'est là, un attribut de la perfection.

Mais il est tard et le jour s'est couché depuis longtemps sur mon vase de Chine et il est temps de vous souhaiter une très belle nouvelle année.

Albert Oesch

Felix Wiesner. Verlag Die Waage.*
Zürich, den 25. Juli 1960

Lieber Herr Oesch,

Ich möchte Ihnen gerne noch schriftlich wiederholen dass ich mit grosser Überraschung den hohen Standard in sprachlich-formeller Hinsicht und das überlegene Bildungsniveau bewundert habe, die beide zusammen die Bildwelt dieser Gedichte tragen und prägen.
Ich bin sicher, dass diese Dichtungen zwar nicht bei einer Masse, sogar insoferne sie Gedichte lesen mag, wohl aber bei einer Elite ihren Eindruck nicht verfehlen und bald rühmlich zur Schweizerischen Dichtungsgeschichte gerechnet werden werden. Natürlich haben mir nicht alle gleich bedeutet, das ist ja durchaus die Regel bei Sammlungen von Gedichten, aber eine sehr hohe Zahl im Verhältnis zum Ganzen erscheint mir so bewunderungs-und liebenswert, dass ich sie nicht mehr aus der Hand geben möchte. Darüber hinaus aber ist das Ganze mit dem hohen Bogen zum herbstlichen und zum Verzicht aus der Reife und Fülle heraus, so eindrücklich dass es – das ist wohl das höchstmögliche Lob - wertvoller als jedes noch so kostbares Detail erscheinen muss.

Ich betrachte es als eine Ehre, dass ich vielleicht diese Gedichte in meinem Verlag heraus bringen darf, und bleibe Ihnen dafür sehr dankbar dass Sie an mich gedacht haben.

Mit freundlichen Grüssen, Ihr
Felix Wiesner

*Der Verlag die Waage wurde 1951 von Felix M. Wiesner gegründet. Der Verlagsgründer, Wien 1920-2005 Zürich, studierte in Zürich Germanistik, vergleichende Literaturwissenschaft, russische Sprache, indische Philosophie und Religionsgeschichte. Mit der Waage wünschte er sich einen Verlag, welcher von hohem Anspruch literarischer und weltanschaulicher Art sowie vom redaktionellen und bibliophilen Perfektionismus geprägt sein sollte.

Lettre à un ami Français, 1980. Extraits.

L'art n'est jamais ce qu'il a l'air d'être, et ses plus grandes clartés sont ses plus profonds mystères. C'est un feu qui couve sous la cendre.

Pourquoi avoir choisi la forme rigoureuse du sonnet, forme classique et immuable par excellence, alors qu'il n'est pas possible à l'homme contemporain de s'arrêter pour faire le point, en cette époque tumultueuse de constante remise en cause de ce qui semblait admis ?

Par sa forte structure, le sonnet est comme une nef dans la tempête. On l'a vu ressurgir, magnifique de vigueur, symbole de résistance dans les geôles et les camps de la mort.*

Je me suis attaché au sonnet, car ses contraintes et ses exigences l'inscrivent dans le droit fil d'un laconisme qui requiert une visée absolue, la cible du quatorzième vers. Le miracle est là: le poète d'un vrai sonnet est un infaillible archer. Un sonnet est plus encore: il est le Verbe qui se fait chair, l'incarnation en une métaphore, le miroir symbolique d'une similitude entre ce qui est à la fois intérieur et extérieur. Il n'exprime qu'une seule idée-vision, élevée telle une colonne unique. La conclusion de ses quatorze lignes sera une fin identique au principe: un ouroboros, serpent qui se mord la queue, symbole d'éternité, d'infini, de renouveau, de rajeunissement. Qu'il en soit ainsi, puisque tous ceux qui aspirent à com-

prendre le monde doivent le recréer en eux-mêmes, sans d'ailleurs jamais pouvoir le saisir. C'est comme le reflet de la lumière sur l'eau : on marche vers lui, il s'éloigne tel un mirage.

Albert Oesch

* "Trente-trois sonnets composés au secret." Résistant, Jean Cassou, a été arrêté par la police de Vichy et incarcéré dans la sinistre prison militaire de Furgole en 1943. Ces 33 sonnets se sont inscrits à même la mémoire de l'écrivain privé de papier et de crayon ! Ed. Gallimard 1995. Préface Louis Aragon.

Lausanne, den 11. November 1989
Unbekannter Empfänger

Wozu noch Gedichte? Dies entscheidet der Leser, nicht der Verfasser. Die Frage ob Gedichte heute noch einen Wert haben oder keinen, entbindet den Dichter nicht des Loses seiner Berufung folgen zu müssen. Niemand kann seiner Zeit entgehen. Niemandes Werk ist also ganz Vorhut.

Man schreibe ohne Zugeständnis das unbedingt Notwendige. So ist das Geschaffene ein Augenblick des Werdens, nicht ein Wiederhall dessen was schon war, und auch nicht eine Vorstellung dessen was einst wird. Die Gegenwart gebiert Dinge die Früheres voraussetzen, und verhüllt späteres Geschick.

Jeder Vierzehner (Sonett) bebildert einen einzigen Gedanken, in sich geschlossen als ein Gesamtes. Von einem Vierzehner zum anderen besteht nicht unbedingt eine Beziehung, aber immer eine Einheit des Aufbaus.
Unbegreiflich ist das Geheimnis aller Entstehung.

Albert Oesch

BIOGRAPHISCHE NOTIZ ZU

ALBERT OESCH

1908 26. November Basel – † 5. Mai **1997**, Lausanne.
Sohn von Albert Johann Oesch, Dr. der Medizin in Basel, Balgach 1868-1944 Lausanne und Hanna Haberbusch, Basel 1878-1948 Lausanne.

1919 Zieht mit elf Jahren mit seiner Familie nach Lausanne.

1922 Im Alter von 14 Jahren schreibt Albert schon Gedichte und unterhält sich über Philosophie und Spiritualität mit seinem Freund Fritjof Schuon und mit Titus Burckhardt.*

1927 Abitur, Lausanne

1932 *Das Münster*, eine Monographie von 40 Sonetten über Notre-Dame de Paris.

Sein Leben lang wird er fortan, neben seinen Berufspflichten, gleichlaufend Sonette dichten

1934 Dr. Jur. Rechtsanwalt. Erste Doktorarbeit über Niccolo Machiavelli, unbeendet.

Zweite Doktorarbeit: Essai dogmatique sur la prescription en droit suisse.

1935 Heiratet Madeleine Marie Gonin, Lausanne 1908-1999.

Madeleine ist in der Familienbuchhandlung *Gonin Frères*, Lausanne, tätig.

Ihre Brüder Philippe und André Gonin arbeiten - ab 1926 in Paris und Lausanne - als unabhängige Drucker-Setzer-Verleger von Bibliophilen illustrierten Büchern. Dies in Zusammenarbeit mit Künstlern wie François-Louis Schmied, Paul Jouve, Aristide Maillol, Germaine Richier, Jean Lurçat, wie auch mit Schweizer Künstlern, wie René Auberjonois, Hans Erni, Albert-Edgar Yersin usw.

Madeleine Oesch-Gonin eröffnete 1948 in Lausanne einen Kunsthandel, La Vieille Fontaine Antiquités, wo sie auch zahlreiche Kunstausstellungen veranstaltet. Sie präsidierte zwölf Jahre lang den Verband Schweizerischer Antiquare und Kunsthändler.

1938 Eröffnet Albert Oesch seine Anwaltskanzlei in Lausanne

1939 Ausbruch des zweiten Weltkriegs. Geburt seines ersten Kindes, wirtschaftlich sehr schwere Zeiten.

1940 Um seine Familie zu unterstützen erhält er einen Posten als Lehrer Deutscher Literatur am Lausanner Gymnasium

1943 Doktorat in Deutscher Literatur.

1961 Zieht sich frühzeitig vom Berufsleben zurück, aus Gründen schnell fortschreitender Erblindung und widmet sich seiner Dichtung und seiner Familie.

1997 Stirbt in Lausanne und hinterlässt ein umfangreiches Werk unveröffentlichter Sonette.

* Titus Burckhardt, 1908 Florenz; † 1984 Lausanne, Sohn des Bildhauers Carl Burckhardt, Basel. Er war ein Schweizer Sufiforscher und Vertreter der Philosophia Perennis. Er studierte Kunstgeschichte und Orientalistik an der Universität Basel. 1939 heiratete er Edith Gonin, Schwester von Madeleine Oesch-Gonin, Gattin von Albert Oesch. 1972 erhielt er von der UNESCO den Auftrag zur Wahrung der Medina von Fès. Als Autor legte er Schriften zur Kulturgeschichte des europäischen Mittelalters und des Islam vor, speziell zum Sufismus und zur Alchemie.

Herausgeber

Adelheid Oesch, 1005 Lausanne, Schweiz
adelheid@dialogueinterieur.com
Maya Lammer-Oesch, 1023 Prilly. Schweiz
maya.lammer@gmail.com
Ewald Oesch, 1162 Saint-Prex. Schweiz
eoesch@bluewin.ch

INHALT

7 DANKSAGUNGEN

Das Münster Notre-Dame de Paris

11 VORWORT ZUM MÜNSTER

Vorspiel

19 I. IRRWEG DER VERGANGENHEIT

Erster Teil
Zum und um den Dom

- 23 II. VERHEISSUNG
- 24 III. WALLFAHRT IN DER NACHT
- 25 IV. HOFFNUNG
- 26 V. VERSTEINERTE GEISTER
- 27 VI. HIMMELSBRÜCKE
- 28 VII. SONNENAUFGANG ÜBER DEM DOM
- 29 VIII. BEHARRUNG
- 30 IX. DIE HIMMELSPFORTE
- 31 X. DIE RICHTERPFORTE
- 32 XI. NEBUKADNEZARS TRAUM

Zweiter Teil
Eintritt in das innere Schiff

- 35 XII. AUF DER SCHWELLE
- 36 XIII. ERSTRAHLE, HERR!
- 37 XIV. ZEITLOSES WELTGEBÄUDE
- 38 XV. RITTER BETET IM STEIN
- 39 XVI. BISCHOFSGRAB
- 40 XVII. SÄULENWANDEL
- 41 XVIII. SCHWERLOSER AUFSCHWUNG INS LICHT

Dritter Teil
Glasrad der Zeit und Leuchten der Rose

- 45 XIX. MORGENLANDFAHRT DER TOTEN
- 46 XX. LICHT OHNE SCHATTEN
- 47 XXI. WER SIND DIE GERECHTEN?
- 48 XXII. DER DOM IST TONBAU, URSPIEL GOTTES
- 49 XXIII. SCHWUND DER ZEIT IN DER ROSE
- 50 XXIV. BESEELTE WESTROSE
- 51 XXV. ROSE AUSSER RAUM UND ZEIT

Vierter Teil
Himmlische Jerusalem Offenbarung

- 55 XXVI. LEBENSBAUM DER OFFENBARUNG
- 56 XXVII. SCHAU DER HIMMELSSTADT
- 57 XXVIII. NUR GOTT IST LICHT
- 58 XXIX. GESETZ DER GNADE

Fünfter Teil
Ende der Zeiten

61	XXX.	UNWETTER UM DEN DOM
62	XXXI.	EIN REICH VON TAUSEND JAHREN
63	XXXII.	STURMGEISTER
64	XXXIII.	AUFSTIEG DER GEWEIHTEN
65	XXXIV.	JUNGFRAU, HILF!
66	XXXV.	VERSTUMMEN DER IRDISCHEN STADT
67	XXXVI.	DIE SEGENSSTADT

Sechster Teil
Erlösung

71	XXXVII.	ZERSTÖRT DEN TEMPEL UND ICH BAU IHN AUF
72	XXXVIII.	MARIA ALS FÜRBITTERIN
73	XXXIX.	MARIA MUTTER GOTTES
74	XXXX.	DES BLINDEN DICHTERS LETZTES GEBET
77		DAS MÜNSTER | FUSSNOTEN

Liebesspiegel

- 91 DER WEINTÄNZER
- 92 APHRODITE
- 93 SCHALE UND MUND
- 94 DER SCHÜTZE
- 95 GÖTTER DIE WELT ZEUGEND

- 96 LICHT UND FINSTERNIS
- 97 DER MÄRZGEBORENEN
- 98 AN DIE TAGENDE
- 99 DAPHNIS AN CHLOE
- 100 DIE MARIENHAFTE
- 101 DARBRINGUNG
- 105 AN DIE BLONDE

Faun und Nymphe

- 108 I. MITTAGSSTILLE
- 109 II. ÜBERFALL
- 110 III. ANRUFUNG
- 113 IV. LAUER
- 114 V. FAUN UND NYMPHE
- 115 VI. DER FLÖTENDE
- 116 VII. DIE UMSCHLUNGENEN
- 117 VIII. MITTERNACHTSSTILLE
- 118 ZEUS UND LEDA
- 121 PERSEUS UND MEDUSA
- 122 DIE MEDUSENHAFTE

Acht Bilder einer Gleichen

- 125 DIE SCHWANENGLEICHE
- 126 WEIB VOR DEM SPIEGEL
- 127 BILDNIS
- 128 DIE GEGEISSELTE
- 129 DIE WAHLLOSE
- 130 DIE FRUCHTLOSE
- 133 DIE ALTERNDE
- 134 TOTENTANZ
- 135 EROS
- 136 ODYSSEUS
- 137 DIE GRAUSAME
- 138 DER VERSCHWENDER
- 139 SIMSON GEBLENDET
- 140 SIMSON UND DELILA
- 141 MARIA MAGDALENA
- 142 ZEUS

- 145 DON JUAN
- 146 DER SPIELER
- 147 DÜRRE BAÜME IM WEINGELÄNDE
- 148 BÜHNE DES LEBENS

- 149 ABEND
- 150 DIE ENTSCHLEIERTE
- 153 VOR DEM HANDSPIEGEL
- 154 DIE ABGEWANDTE
- 155 DIE BRANDENDE
- 156 DER STÜRMISCHE
- 159 ENTSCHLUMMERN
- 160 VOR TAG

- 161 AN DIE MAYA
- 162 DIE EWIGE
- 163 UNSTERBLICHE MUTTER
- 164 DER TEMPEL ZU KONARKA

- 165 WIE PAN UND SYRINX
- 166 DER LORBEER
- 169 HERBSTKLAGE
- 170 BEZAUBERUNG

- 171 AN DIE VERGESSENE
- 172 VORSTELLUNG UND WIRKLICHKEIT
- 173 TANZ
- 174 ERINNERUNG AN EINEN TOSKANISCHEN GARTEN
- 177 NEIGE DES TAGES

- 178 VENUS IM UNTERGANG
- 179 VERGANG DES LEBENS
- 180 MARIÄ HIMMELFAHRT
- 181 EINER TOTGEBORENEN
- 182 STAFFELAUF
- 185 GEDÄCHTNIS
- 186 DIE FENSTERROSE

- 187 SPÄTLESE

- 188 AUSKLANG
- 189 TANZENDER SCHIWA
- 190 SIDDHARTA

An Dich

- 192 AN DICH

Lebenswandel
Philosophische Schau

Erster Teil
Des Dichters Geschick

201 OHR DER ZUKUNFT
202 SCHÖPFUNGSTRAUM
203 ARGONAUTEN
204 TANZ IN KETTEN
205 FEUERSÄULE DES WORTES
206 STRENGE DES WORTES
208 ZWIETANZ
209 SCHLAFLOS
210 ALTER ÖLHAIN
211 ERBLINDET
212 SCHLAF
213 SELIG DER BLINDE

Zweiter Teil
Eros

HULD DES KRISCHNA IN VIER GESÄNGEN

219 I. VIELFÄLTIGE RADHA
220 II. VIELFÄLITGER KRISCHNA
221 III KRISCHNA UND RADHA IM TANZ
222 IV KRISCHNA DER ERLÖSER

223 GOTTHEIT DES LINGAMS
224 EMPFÄNGNIS
225 LIEBESSPIEL
226 CYTHERAS PILGER
227 CASANOVA
228 BASILISK
229 DIE HOFFÄRTIGE
230 BEHARRUNG
231 HOLOFERN

Dritter Teil
Liebe, Klage, Rache, Klärung

235 DIE UMSCHWÄRMUNG
236 GEGENWART
237 UMARMUNG
238 MONDGÖTTIN UND HIRTE
240 MEER UND LAND
241 MEER IM VOLLMONDE
242 DER VORWURF
243 DIE SPRÖDE NYMPHE
244 DER LEUKASSPRUNG
245 BITTERNIS
246 DER WEG ZURÜCK
247 VERWEHT
248 DAS VERLORENE LIED
249 VERGÄNGLICHKEIT
250 VERDAMMNIS
251 VERWÜNSCHUNG
252 RACHE
253 JUDAS ISCHARIOTH
254 KLAGE
255 ABÄLARD UND HELOISE
256 DAS GRÜNE NADELKISSEN
257 DIE MUTTERGÖTTIN
258 ROSENKRANZ
259 KLÄRUNG
260 BEGEGNUNG
261 MÄDCHEN IM FLOR
262 DER ERSTE SCHNEE IM HAAR
263 DIE UNSICHTBARE ROSE
264 DIE SPÄTE ROSE
265 VERFLUSS
266 SCHNEISE IM WALD
267 MEINER MUTTER
268 SCHAU INS EWIGE
269 DER EWIGE FRÜHLING
270 DIE LIEBENDEN
271 TOD UND VERKLÄRUNG
272 DU UND ICH

Vierter Teil
Philosophisches Forschen und Befragen

275 BEWUSSTHEIT
276 LEERER HIMMEL
277 VERWISCHTE FÄHRTEN
278 MONA LISA
279 NARZISS
280 MOZART'S BESCHWINGTHEIT
281 AM FLÜGEL
282 FÜLLE UND STILLE
283 OBELISK AM KONKORDIAPLATZE
284 DANTE BEFRAGT VIRGIL
285 PROMETHEUS
286 TURMBAU ZU BABEL
287 DEM JÄGER... DAS WILD

288 SCHACHSPIEL
289 BLINDSPIELER TOD
290 GOTTES PFEIL
291 MILAREPA
292 NIRGENDS UND ÜBERALL
293 PARNASS
294 GEHEIMNIS DER GOTTHEIT
295 DÄMMERUNG UND TAG

Fünfter Teil
Wandlungen zwischen Leben und Tod

ORPHEUS UND EURYDIKE
IN SIEBEN GESÄNGEN

301 I. EINTRACHT UND EINMUT
302 II. SCHLANGE
303 III. ENTGLITTEN
304 IV. EURYDIKENS EWIGE WIEDERKEHR
305 V. UNVERSEHRT
306 VI. ENTSAGUNG
307 VII. ERLOSCHENHEIT

309 EROS UND PSYCHE
310 AUFSTIEG
311 KLAGERUF DER ECHO
312 PILGERSCHAFT
313 DURST
314 REISE INS JENSEITS
316 AUFERSTEHUNG
317 ZUM GEDÄCHTNIS
318 GESTERN UND VORGESTERN
319 GEWESEN
320 VIA APPIA
321 DIE VERSUNKENE STADT
322 STUNDE DES DÄMMERS
323 VERZICHT

Sechster Teil
Schau Gottes

327 GESTALTUNG
328 HEILIGER AUGUSTINUS UND DAS KIND
329 FRANZISKUS
330 ALBERTUS MAGNUS UND DAS MARIENBILD
331 AVE MARIA
332 ERSCHAUUNG GOTTES
333 SÜNDENFALL
334 AN DIE LEIDENDEN
335 ENTFLOHNER GLAUBE
336 THEODORA
337 DIE SELIGKEITEN
338 JUDAS
339 AM BERGALTAR
340 KREUZWEG
341 ERLÖSUNG
342 DER GÄRTNER
343 ZEITLOSER CHRISTUS

Briefauszüge

345 Albert Oesch. Frithjof Schuon. Felix M. Wiesner.

361 Biographische Notiz zu Albert Oesch

365 Inhalt

Schon erschienen | Bibliophile Originalausgabe

LIEBESSPIEGEL

Titel in Rot und Schwarz mit 13 Orig.-Kupferstichen in Sepia von Hans Erni. 111, (9) SS. Folio. Lose, unbeschnittene Bogen in illustr. Orig.-Umschlag, in Orig.-HPgt.-Chemise und in Orig.-HPgt.-Schuber. – Lausanne, André und Pierre Gonin, 1979.

117 nummerierte Exemplare auf handgeschöpftem Bütten mit speziell von Hans Erni ausgeführten Wasserzeichen aus der Papiermühle Larroque aus einer Gesamtauflage von 150 im Handel. Im Impressum vom Autor, den beiden Verlegern und dem Künstler eigenh. signiert. Druck in Times 16 Punkt. Handsatz durch Nicolas Chabloz in Mauraz. Einband der Buchbinderei Burkhardt, Zürich.

♦ Auf Grund dieser Originalausgabe bei Gonin Frères, wurde auch, 1980, ein illustrierter Nachdruck in verkleinertem Format des Originaltextes und der Originalradierungen, beim Ex Libris Verlag, Schweiz, herausgegeben.

♦ Die Verleger Gonin Frères, waren Brüder von Albert Oesch' Gattin, Madeleine Oesch-Gonin.

♦ Hans Erni, Luzern, 21. Februar 1909 – 21. März 2015. Schweizer Maler, Graphiker und Bildhauer.

Bibliografische Information der Deutschen Nationalbibliothek

Die Deutsche Nationalbibliothek verzeichnet diese Publikation in der Deutschen Nationalbibliografie; detaillierte bibliografische Daten sind im Internet über http://dnb.d-nb.de abrufbar.

© Verlag Königshausen & Neumann GmbH, Würzburg 2020
Umschlag: skh-softics / coverart

Alle Rechte vorbehalten

Dieses Werk, einschließlich aller seiner Teile, ist urheberrechtlich geschützt. Jede Verwertung außerhalb der engen Grenzen des Urheberrechtsgesetzes ist ohne Zustimmung des Verlages unzulässig und strafbar. Das gilt insbesondere für Vervielfältigungen, Übersetzungen, Mikroverfilmungen und die Einspeicherung und Verarbeitung in elektronischen Systemen.

Printed in Germany

ISBN 978-3-8260-6876-8

www.libri.de
www.buchhandel.de
www.buchkatalog.de